TOUS ENSEMBLE VERS UN MONDE NOUVEAU

ISBN : 978-2-8132-2839-0

Note de l'éditeur : l'auteur et l'éditeur déclinent toute responsabilité provenant directement ou indirectement de l'utilisation de ce livre. Les déclarations faites par l'auteur concernant les produits, les processus ou les méthodes de traitement ne sauraient se soustraire à un avis médical.

www.editions-tredaniel.com
info@guytredaniel.fr
www.facebook.com/editions.tredaniel
@editions_guy_tredaniel

Luc Bodin

TOUS ENSEMBLE VERS UN MONDE NOUVEAU

Préparez-vous au changement

Guy **Trédaniel** éditeur
19, rue Saint-Séverin
75005 Paris

À PROPOS DE L'AUTEUR

Luc Bodin est un ancien médecin, diplômé en cancérologie clinique, spécialiste en médecines naturelles et en soins énergétiques. Il est, de plus, conférencier et auteur de nombreux best-sellers.

Sur le site www.luc-bodin.fr se trouvent :

- *une formation (en ligne) de soins énergétiques*, qui reprend les thèmes du *Grand Manuel de soins énergétiques* et du *Grand Livre de nettoyage, protection et prévention énergétique des personnes et des lieux*. Elle est ouverte à tous sans prérequis ;
- *d'autres formations (en ligne)* sur des sujets variés comme « Devenez le meilleur de vous-même », « L'homme énergétique », ainsi que certaines concernant l'évolution personnelle, la santé, la fatigue, le bien-vieillir, etc. ;
- *des hypno-méditations* réalisées par Luc Bodin sur des musiques d'Alex Michel. Elles traitent de différents sujets comme la guérison, le soulagement de la douleur, le développement de l'amour, la confiance en soi, la rencontre avec le Divin, la préparation au sommeil, etc. ;

- *la présentation des activités de Luc Bodin*: ses conférences, ses webinaires gratuits et ses ateliers ;
- *de nombreux articles* sur la santé, l'énergie, l'évolution personnelle, le taux vibratoire de la Terre, Ho'oponopono nouveau, la méthode Aora et l'actualité ;
- *des audios, des livrets gratuits, des films et des interviews* ;
- *une newsletter gratuite*, pensez à vous y abonner.

Vous pouvez retrouver l'auteur sur :

- sa chaîne YouTube,
- sa page Facebook,
- Instagram,
- Linkedin.

Du même auteur, chez le même éditeur :

- *60 techniques pour votre santé physique, psychique et votre évolution spirituelle*, 2022.
- *Cancer, les chemins de guérison* (2e édition), 2022.
- *Développez vos talents subtils*, 2021.
- *Dialogue avec Lucifer*, 2021.
- *La Grand Manuel pour se connecter aux pouvoirs de l'univers*, 2021.
- *Le Mouvement primordial*, 2021.
- *La Révolution de l'amour*, 2020.
- *La Médecine spirituelle* (2e édition), 2020.
- *Le Grand Livre de nettoyage, protection et prévention énergétique des personnes et des lieux*, 2020.
- *Le Grand Manuel de soins énergétiques*, 2019.
- *Trouver son chemin de vie*, 2019.

- *À la rencontre de son enfant intérieur*, 2019.
- *Gagner 10 ans de vie en bonne santé*, 2019.
- *Harmoniser ses énergies*, 2019.
- *Les Quatre Secrets de la sagesse polynésienne*, 2018.
- *Découvrir le sens caché des maladies*, 2018.
- *Remonter son énergie*, 2018.
- *La Loi d'attraction*, 2018.
- *Sortir du stress*, 2018.
- *L'Homme énergétique*, 2018.
- *Nettoyage et protection énergétique des personnes et des lieux*, 2016.
- *Connectez-vous au pouvoir infini de l'univers*, 2016.
- *Ho'oponopono nouveau*, 2016.
- *Ho'oponopono expliqué aux enfants*, 2016.
- *AORA au quotidien*, 2015.
- *Cancer, les chemins de guérison* (1re édition), 2014.
- *Manuel de soins énergétiques*, 2013.
- *Quand le cancer disparaît* (2e édition), 2013.
- *Les Miracles de la broméline*, 2013.
- *La Méthode AORA*, 2013.
- *Soigner avec l'énergie*, 2012.

Romans

- *Projet Humana*, Exergue, 2021.
- *Le Temps d'un rêve*, Guy Trédaniel éditeur, 2018.
- *Les 3 Secrets de l'univers*, Guy Trédaniel éditeur, 2017.

Coffrets

- *185 fiches de soins énergétiques*, Guy Trédaniel éditeur, 2021.
- *La petite boîte de la révolution intérieure pour une guérison de l'âme*, Contre-Dires, 2021.
- *La petite boîte pour attirer le meilleur dans sa vie*, Contre-Dires, 2020.
- *La petite boîte pour vivre la sagesse Ho'oponopono au quotidien*, Contre-Dires, 2019.

SOMMAIRE

INTRODUCTION

Les prémices de la situation actuelle étaient visibles il y a une bonne dizaine d'années : pollution, raréfaction des matières premières, élévation du niveau des mers, désertification des sols, trous dans la couche d'ozone, surpopulation, crises économiques, guerres, incidents nucléaires, augmentation du nombre de malades, perte d'hégémonie des pays occidentaux, surendettement des États, etc. Comme je l'ai signalé dans divers articles à l'époque, il était évident que nous foncions vers de gros problèmes. Je ne savais pas par où ils allaient débuter, mais j'avais l'intime conviction que des événements majeurs allaient toucher l'humanité dans un proche avenir.

L'évolution de la situation mondiale, ces dernières années, m'a donné raison avec le réchauffement planétaire, les guerres (Irak, Syrie, Afghanistan, Ukraine et toutes les autres passées sous silence), les pénuries, l'émergence des BRICS, avec la fin prochaine de l'hégémonie du dollar, la domination de l'espace, les pandémies, les bitcoins, la recherche de l'immortalité... L'évolution actuelle du monde me fait penser à un entonnoir où tous les problèmes négligés ou traités superficiellement depuis des décennies se concentrent sur notre époque, prêts à nous sauter à la gorge.

Nous sentons que notre monde est au bord du chaos. Tout à coup, il nous semble fragile et destructible – ce qui est une impression nouvelle et guère rassurante. Jusqu'ici, nous nagions dans l'opulence et la sécurité, sûrs que tous les problèmes que pourrait rencontrer l'humanité seraient immédiatement résolus par le génie humain. Nous nous rendons compte, maintenant, que notre société est vulnérable, tel un colosse aux pieds d'argile. Nous pressentons aussi que notre planète ne peut pas continuer à être pillée et détériorée comme elle l'est actuellement, sans qu'un jour cela ait de graves conséquences sur les écosystèmes et sur nos vies. De plus, nous découvrons que nous sommes aussi tributaires du Soleil, des comètes et des vents galactiques qui peuvent souffler sans crier gare, le bon comme le mauvais, sur notre planète…

Lors de la précédente édition, j'avais évoqué un certain nombre de prophéties qui avaient renforcé ma conviction – celle qui me faisait dire que nous allions vers un changement drastique de notre société. Nous pouvons déjà évoquer la prophétie des papes de saint Malachie, celle des Indiens Hopis, celle de saint Jean de Jérusalem, le calendrier maya, le cycle de précession des équinoxes, etc. Toutes semblent converger vers le début du nouveau millénaire, et en particulier le XXIe siècle, avec le passage dans l'ère du Verseau. Elles n'indiquent pas la fin du monde, mais la fin d'un monde ; celui que nous avons connu.

Pour couronner le tout, le niveau vibratoire de la Terre – qui demeurait stable depuis des milliers (millions ?) d'années – s'est mis à s'élever. Il était autrefois de 6 500 UB (unités Bovis) pour atteindre, dans les années 1990, 8 000 UB. Nous trouvions alors extraordinaire cette élévation de près de 25 % du niveau vibratoire terrestre en quelques années. Mais le processus s'est poursuivi. Il s'est même accéléré pour atteindre 50 000 UB en juin 2021. Puis, la courbe a pris une forme exponentielle pour atteindre plus de

2 300 000 UB au mois de juillet 2022, pour redescendre sans explication en août 2022, avant de reprendre son escalade... Et cela continue. Jusqu'où cela ira-t-il ? Personne ne peut le savoir. Ce qui est sûr, par contre, c'est que cela a des répercussions importantes sur notre planète et sur les êtres humains qui y habitent.

Cette augmentation vibratoire présente pour corollaire une élévation de la conscience humaine – du moins pour les individus qui suivent le mouvement –, ce qui ne sera pas sans conséquence sur notre société. Elle augure probablement ce que certains appellent le « passage dans la 5e dimension » où se développera un âge d'or pour l'humanité.

Quoi qu'il en soit, nous sommes actuellement tiraillés entre deux tendances diamétralement opposées : l'évolution géopolitique actuelle faite de peurs et d'inquiétudes, et les énergies cosmiques qui nous poussent vers le partage et la compassion. C'est à chacun de déterminer quelle tendance il choisit ; c'est-à-dire dans quel sens il désire orienter sa vie. Tout en sachant que le nombre des personnes choisissant tel ou tel camp influencera l'évolution du monde.

C'est ainsi qu'individuellement et collectivement, nous sommes dans une phase de transition, pas toujours simple à vivre. Ce livre est destiné à vous aider à comprendre la situation actuelle et ses enjeux... Et surtout, si vous le souhaitez, à vous préparer au changement vibratoire qui s'opère actuellement et qui constitue une opportunité extraordinaire d'évoluer rapidement vers la lumière.

LA SITUATION GÉOPOLITIQUE MONDIALE

De nombreux faits évoqués dans ce chapitre sont bien connus. Mais il semble important de les approfondir afin de savoir de quoi il retourne. De plus, nous avons tendance à les considérer isolément, les uns après les autres. Mais, lorsque nous prenons conscience de leur nombre, nous commençons à nous inquiéter, parce que ces problèmes se produisent de manière concomitante. En effet, notre humanité doit faire face aujourd'hui à un nombre considérable de difficultés à tous les niveaux. Il est regrettable de constater que beaucoup d'entre elles sont accentuées par la division qui règne entre les pays, les religions, les classes sociales et les individus. Pourtant, seule une entente entre tous permettrait de les résoudre… – le permettra. L'humanité sera-t-elle assez intelligente pour cela ?

La pollution chimique

À l'instar du protocole de Kyoto, les accords internationaux se font dans le sens d'une limitation de « l'augmentation » de la production de pollution, davantage que sur une véritable diminution de celle-ci. Ainsi, la pollution continue d'augmenter partout sur la planète. En 2021, le taux de CO_2 dans l'atmosphère a atteint des valeurs jamais constatées depuis… au moins un million d'années[1] !

1. Nathalie Mayer, « Le taux actuel de CO_2 dans l'atmosphère terrestre est le même qu'il y a un million d'années ! », 4 septembre 2022, www.futura-sciences.com.

Le WWF[2] a dénoncé la responsabilité du lobbying de l'industrie chimique sur la pollution chimique. Des toxiques se retrouvent dans toute la population. Ils s'accumulent dans les organismes et se transmettent de la mère à l'enfant pendant la grossesse. L'OMS[3] a publié une étude[4] établissant que sept millions de personnes sont mortes en 2012 à cause de la seule pollution de l'air. En 2020, une autre recherche faisait état de 8,8 millions de morts prématurées par an et d'une baisse de l'espérance de vie de 3 ans dans la population mondiale à cause de la pollution atmosphérique[5]. Il est reconnu que la pollution a un rôle direct sur les mutations génétiques, les cancers, les retards de croissance, la maladie d'Alzheimer, la maladie de Parkinson, les problèmes pulmonaires, les troubles cardiaques, les allergies, mais aussi sur le QI[6] des enfants[7].

« La pollution tue en France, à court terme[8]. » C'est ainsi que l'Institut de veille sanitaire (InVS), à la suite du suivi de trois indicateurs de pollution – le dioxyde d'azote, le dioxyde de soufre et l'ozone – a démontré que plus les taux de pollution étaient élevés, plus les risques d'hospitalisation[9] et de mortalité à court terme étaient importants. « Le risque de décès toutes causes confondues

2. Fonds mondial pour la nature (*World Wildlife Fund*).

3. Organisation mondiale de la santé.

4. « Sept millions de morts en 2012 liés à la pollution de l'air », AFP, 25 mars 2014, www.lefigaro.fr.

5. « La pollution de l'air réduit l'espérance de vie de trois ans », *Le Figaro* avec AFP, 3 mars 2020, www.lefigaro.fr.

6. Quotient intellectuel.

7. S. Franco Suglia, A. AGryparis, RO. Wright, *et al.*, « Association of black carbon with cognition among children in a prospective birth cohort study », *Am J Epidemiol.*, 1er février 2008 ; 167:280-286 (19 février 2008, L.J.S.).

8. Destinationsante.com, 3 février 2009.

9. *Le Quotidien du médecin*, 3 février 2009.

[...] est significativement associé à l'ensemble des indicateurs de pollution étudiés», concluent les rédacteurs de ce rapport[10].

Il faut aussi parler des nombreux polluants qui induisent des modifications de l'ADN[11], mais aussi de ceux qui perturbent l'équilibre hormonal. Ils sont responsables d'anomalies des organes génitaux chez les animaux (féminisation des poissons[12]), mais aussi de stérilité chez les êtres humains. Cette situation est très préoccupante par le nombre de plus en plus élevé de couples stériles devant avoir recours à l'AMP (assistance médicale à la procréation). La pollution chimique hormono-like[13] et les dérivés médicamenteux[14] retrouvés dans l'eau (provenant de pilules contraceptives, d'antibiotiques, de paracétamol... demeurés actifs à 80 %[15]), ainsi que les champs électromagnétiques provenant des téléviseurs et des ordinateurs[16] en sont probablement les premiers responsables.

La bioaccumulation de substances toxiques – dont les hormones – chez certaines espèces atteint des proportions spectaculaires. Par exemple, «si vous mangez 300 g de moules de l'estuaire de la Seine, vous avalez l'équivalent d'une pilule contraceptive», a expliqué le

---

10. *Bulletin épidémiologique hebdomadaire*, n° 5, 3 février 2009.

11. *Le Quotidien du médecin*, 23 mars 2005.

12. *Le Quotidien du médecin*, 15 octobre 2009. *Journal of Environmental Monitoring*, 26 janvier 2009.

13. Hormono-like : se dit d'une substance qui présente une structure proche ou semblable aux hormones sexuelles humaines.

14. Soline Roy, « Médicaments, l'invisible pollution de l'eau », 13 septembre 2016, www.lefigaro.fr.

15. *Journal of Environmental Monitoring*, 26 janvier 2009.

16. G. Tritto, M.O. North, A.M. Laverdure, J. Surbeck, *Effets non thermiques des radiations électromagnétiques émis par les tubes cathodiques (VDT's) sur cultures* « in vitro » *de tissu gonadique humain*, XXes journées méditerranéennes internationales de médecine du travail, Marrakech, Maroc, 26-28 octobre 2001.

professeur François Leboulanger, écotoxicologue lors du premier Congrès européen sur les pathologies environnementales[17].

Par ailleurs, 20 % des produits chimiques mis aujourd'hui sur le marché américain ont une composition gardée secrète. La raison avancée par les industriels est le risque de vol de leurs procédés de fabrication. C'est pourquoi les pouvoirs publics ne peuvent pas évaluer la dangerosité de ces substances[18]. Officiellement, il semblerait que la législation européenne n'autorise pas ce genre de procédé. Quoi qu'il en soit, donner un « chèque en blanc » aux industriels concernant la sécurité sanitaire pourrait se révéler dangereux.

Il semble que les seuils de toxicité de certains produits aient été largement sous-évalués. Or toutes les substances deviennent nocives à une certaine concentration – reste à déterminer laquelle...

Enfin, il a été retrouvé des microparticules de plastique dans le sang d'êtres humains. « L'ingestion de ces particules de quelques microns avait déjà été dénoncée par une étude de l'université de Newcastle (Australie), financée par le WWF International, qui affirmait qu'un humain ingérait l'équivalent d'une carte de crédit par semaine, principalement en buvant de l'eau en bouteille plastique. » Reste à déterminer l'étendue de la pollution du corps, et les dégâts qui peuvent en découler[19].

---

17. *Le Quotidien du médecin*, 15 octobre 2009.

18. *Sciences et Avenir*, février 2010.

19. Loïc Chauveau, « Des microplastiques retrouvés dans le sang humain », 29 mars 2022, www.sciencesetavenir.fr.

La pollution électromagnétique

L'être humain est avant tout énergétique, comme tout ce qui existe dans l'univers. Il vibre sur un champ très large de fréquences allant des infrarouges aux (bio)photons. Il est donc évident que les ondes électromagnétiques – dont les fréquences se situent dans ce champ – produisent des désordres dans l'organisme humain, comme elles le font sur les appareils de bord dans les avions et sur ceux chargés de la surveillance des malades dans les services hospitaliers. Pareillement à la pollution chimique, la toxicité de ces ondes dépend de l'intensité de l'émission et de la durée d'exposition.

La pollution électromagnétique atteint aujourd'hui des sommets. Nous sommes cernés par un nombre incroyable de champs électromagnétiques d'origine artificielle : ondes radio, ondes télévision, radars, satellites, électricité, lignes à haute tension, téléphones portables et sans fil, antennes relais, compteur Linky, bluetooth, écrans d'ordinateur et de télévision, 4G, 5G, wifi, WIMAX, etc.

La 5G – qui s'est généralisée ces dernières années – inquiète un grand nombre d'observateurs parce qu'elle pourrait présenter une nocivité sur l'environnement et sur les êtres humains si elle est utilisée sur des fréquences élevées.

L'étude Interphone réalisée dans treize pays entre 2000 et 2010 a concerné le risque de cancers (tumeurs du cerveau, du nerf acoustique et des glandes salivaires) liés aux téléphones portables après dix ans d'utilisation. Les résultats n'ont pas été probants, à cause d'erreurs et de biais dans la méthodologie de l'étude. La conclusion fut que l'usage du téléphone portable ne montre pas de risque accru de cancer, mais l'étude ne permet pas de dire que ce risque n'existe pas[20], notamment pour les gros usagers de téléphonie portable. Cependant, en 2016 des chercheurs ont étudié l'évolution du nombre de cancers cérébraux depuis l'essor de la téléphonie mobile et n'ont pas constaté d'augmentation particulière[21]. Cela a été confirmé en 2022 par deux grandes études. Seules quelques recherches ont rapporté une augmentation de gliomes[22] en rapport avec l'utilisation du téléphone portable. Mais celles-ci sont controversées[23]. Quoi qu'il en soit, si la focalisation de ces études sur les cancers est intéressante, il serait bien de l'étendre aux pathologies neurologiques qui sont en pleine expansion depuis plusieurs décennies (maladie d'Alzheimer, maladie de Parkinson, sclérose en plaques, etc.).

La mauvaise qualité de l'air

Selon l'OMS, 99 % de la population mondiale respire un air pollué[24]. Celui-ci provoque 7 millions de morts par an et une espérance de vie réduite ou détériorée par les maladies – notamment cardiovasculaires et pulmonaires.

L'air est ainsi devenu un problème grandissant, à cause des polluants émis contenant des nanoparticules (notamment, les

20. « Conclusions rassurantes et décevantes pour l'étude Interphone », *Sciences et Avenir*, 18 mai 2010, www.sciencesetavenir.fr.

21. Soline Roy, « Trente ans de téléphonie mobile et pas plus de cancers détectés », 9 mai 2016, www.sante.lefigaro.fr.

22. Gliome : tumeur provenant des cellules gliales, des cellules de soutien du cerveau.

23. Dr IsabelleMéresse, « Portables et gliomes, pas de preuve démographique », 21 septembre 2022, www.jim.fr.

24. Karine Durand, « Pollution de l'air : quels sont les pires endroits du monde pour respirer ? », 9 avril 2022, www.futura-sciences.com.

$PM_{2,5}$[25]) et du dioxyde d'azote provenant de l'industrie et des transports. C'est particulièrement inquiétant dans les villes où les taux de pollution atteignent des pics importants, notamment en période de canicule, mais aussi dans les lieux fermés comme les métros[26]. Il ne faut pas oublier également la pollution dans les lieux de travail et à l'intérieur des habitations à cause des revêtements, des colles, des produits d'entretien, etc., qui est responsable de pathologies comme l'asthme et autres affections pulmonaires[27].

À ces problèmes de pollution s'ajoutent les tempêtes de sable de plus en plus fréquentes, liées notamment à la sécheresse et la désertification – comme cela se voit en Irak, en Chine et en Inde.

La pénurie de matières premières

Les matières premières sont des substances naturelles, indispensables à la production de l'énergie ainsi qu'à différents secteurs de l'industrie. Ce sont le bois, le pétrole, le gaz, le fer, le titane, le tungstène, le platine, le nickel, le silicium, l'étain, l'antimoine, le cobalt, le manganèse, le zinc, l'uranium, l'argent, le phosphate, l'or, les diamants, le plomb, etc.

Pendant longtemps, les hommes ont cru que ces sources étaient inépuisables. Mais les mines contenant ces minerais en quantités importantes et en qualité suffisamment pure pour être exploitées

25. $PM_{2,5}$: particules fines d'un diamètre inférieur à 2,5 microns.
26. « La pollution de l'air du métro doit être mieux mesurée, s'inquiète l'Anses », AFP, 7 juin 2022, www.sciencesetavenir.fr.
27. Dre Roseline Péluchon, « Pourquoi s'intéresser à la pollution intérieure ? », www.jim.fr ; et www.iffo-rme.fr : https://www.iffo-rme.fr/support-pedagogique/pourquoi-s%E2%80%99interesser-a-la-qualite-de-l%E2%80%99air-interieur-0.

sont limitées en nombre sur notre planète. Au rythme actuel, d'ici quelques années, plus d'une dizaine de minerais comme le terbium, l'hafnium, l'argent, l'antimoine, le palladium, l'or, le zinc, l'indium, l'étain, etc., pourraient commencer à manquer[28] ; ce qui entraînera des pénuries et des risques de conflits.

La plupart de ces minerais – souvent inconnus du public – sont indispensables dans de nombreux secteurs comme l'informatique, la fabrication d'engins, les téléviseurs, les téléphones portables, les automobiles, etc. C'est pourquoi la raréfaction des matières premières est encore plus préoccupante que la disparition du pétrole (qui est puisé, maintenant, à très grande profondeur). Or, selon certaines sources, il n'y aura plus de pétrole sur Terre dans quelques décennies[29].

Les batailles pour la possession des matières premières vont devenir de plus en plus âpres, dans un proche avenir. Il y va de la fourniture en matières premières de pays entiers. L'Europe sera certainement la première touchée, parce qu'elle importe la quasi-totalité de ses besoins en métaux rares stratégiques (niobium, rhodium, tungstène...)[30]. D'un autre côté, la Chine contrôle, à elle seule, environ 95 % des terres rares[31,32]; ce qui ne va manquer de changer l'équilibre économique du monde.

---

28. USGS (service géologique des États-Unis), http://minerals.usgs.gov/. *Science & Vie*, hors-série 243, juin 2008.
29. « Les métaux : des ressources qui pourraient manquer ? », https://multimedia.ademe.fr/infographies/infographie-terres-rares-ademe/.
30. *Sciences et Avenir*, février 2010.
31. Les terres rares correspondent à 17 des 92 éléments naturels présents sur la Terre : lanthane, cérium, prométhium, samarium, europium, etc.
32. *Sciences et Avenir*, février 2010.

Pour aggraver le tout, le développement de pays comme l'Inde et la Chine augmente considérablement la consommation des matières premières ; ce qui va accélérer la survenue des pénuries.

Une solution envisagée consiste à aller exploiter les fonds sous-marins pour extraire ces matières essentielles. De nombreux pays et entreprises privées se sont lancés dans la découverte des abysses, c'est-à-dire de territoires jusque-là inviolés[33]. Or l'exploitation de mines sous-marines risque de se faire au prix d'une grave dégradation de l'écosystème des océans.

La déforestation

Entre 2000 et 2020, la forêt mondiale a perdu presque 100 millions d'hectares, selon un rapport de l'Organisation des Nations unies[34]. Or la déforestation entraîne l'assèchement des sols. À cause de cela, il se produit actuellement un relâchement important dans l'atmosphère du carbone (sous forme de dioxyde de carbone) qui était concentré jusqu'à présent dans ces forêts.

Mais cette déforestation aura de nombreuses autres conséquences ; notamment sur la configuration des vents, sur la distribution de la chaleur locale et même sur la composition des nuages et les cycles de l'eau.

33. Sylvie Rouat, « Les abysses : dernier lieux pratiquement inexplorés... pour l'instant », 18 mars 2019, www.sciencesetavenir.fr.
34. Nathalie Mayer, « Déforestation : ce n'est pas seulement une question de carbone », 25 mars 2022, www.futura-sciences.com.

La désertification des terres

La désertification et la dégradation des terres menacent 70 % des zones arides ou sèches, soit 25 % de la surface terrestre[35]. La progression des déserts est actuellement de 6 milliards d'hectares par an. Les principales causes sont le déboisement, la surpopulation animale, la salinisation des sols et le réchauffement climatique.

Par ailleurs, la plupart des sols cultivés dans le monde ont perdu leur microbiote[36] sur plus de deux mètres de profondeur. Or celui-ci rend la terre vivante et assure la croissance des plantes. Ce phénomène est dû à l'usage des pesticides et des désherbants utilisés en grandes quantités ces dernières décennies. La terre est ainsi devenue stérile. Les productions agricoles actuelles ne sont assurées que grâce à un usage intensif d'engrais chimiques.

Cette dégradation des sols aura, dans un avenir proche, de graves conséquences sur la production alimentaire, notamment pour les populations des pays sous-développés.

La « désertification » des océans

La « désertification » des océans est un fait moins connu du public, pourtant tout aussi dramatique que celle des terres. Or elle s'accentue très vite, plus vite que prévu, comme le révélait un article paru dans les *Proceedings of the National Academy of Sciences*[37]. Les scientifiques y expliquent que les zones mortes (*dead zones*) dans l'environnement aquatique s'accroissent au rythme de 5 %

35. https://fr.wikipedia.org/wiki/D%C3%A9sertification.
36. Ensemble des germes naturels assurant l'équilibre des sols.
37. Sciencesetavenir.fr, 1er octobre 2008.

par an. C'est pourquoi elles apparaissent désormais comme une menace majeure pour les écosystèmes au niveau mondial. Ces zones touchent surtout les régions subtropicales de l'océan Pacifique et de l'océan Atlantique, mais aussi la partie sud de l'océan Indien.

Les raisons de cette désertification des océans sont faciles à trouver. Ce sont la pêche intensive, d'une part, et la pollution, d'autre part. Cette dernière est responsable de l'acidification des eaux. Ainsi à 7,5 kilomètres des côtes californiennes, l'eau est assez acide pour dissoudre les coquilles de palourdes et les squelettes de coraux[38]. Parallèlement à ce phénomène, la quantité de plancton a baissé de 30 % depuis le début de l'ère industrielle. Or c'est lui qui absorbe une grande partie des rejets de CO_2 et d'azote ; et, surtout, c'est lui qui produit la majorité de l'oxygène que nous respirons[39].

Beaucoup de scientifiques comptaient sur le milieu marin pour fournir la nourriture à l'humanité du XXIe siècle. Ce rêve semble, aujourd'hui, obsolète.

Le réchauffement planétaire

La Terre se réchauffe. C'est maintenant un fait officiel connu de tous. Des réunions internationales tentent de mettre en place des mesures pour limiter l'élévation des températures. Celles-ci sont sujettes à des tractations entre États, alors que cela devrait être une urgence l'emportant sur toutes les autres considérations. Car il y va de notre avenir à tous. Le temps n'est pas aux discussions, mais aux actions concrètes, rapides et concertées. En effet, le réchauffement en cours est déjà responsable de la fonte des pôles et des

38. *Sciences et Avenir*, mai 2009.
39. Sciencesetavenir.fr, 26 février 2010.

glaciers, de la montée des eaux, de mégafeux, de sécheresses, de désertifications, de désordres météorologiques, de cataclysmes, de baisses de la production agricole, etc.

Ce réchauffement semble toucher davantage le pôle Nord. Ainsi, « au cours de ces dernières cinquante années, la température en Arctique a augmenté de plus de 2 °C. Et, si nous ne parvenons pas à limiter nos émissions de gaz à effet de serre (GES), les modèles annoncent même une hausse assez spectaculaire des températures estivales d'ici 2100... jusqu'à plus de 14 °C[40] ! »

D'autres sources font état que le réchauffement que nous connaissons actuellement serait lié non pas à la pollution de l'homme, mais à un phénomène naturel comme il s'en est produit régulièrement en France : en 1331-1334 (quatre étés de suite), en 1383-1385 (trois étés), durant la première moitié du XVIe siècle (suivie d'un petit âge glaciaire), en 1718-1719, en 1788 (qui aurait été une des causes de la Révolution française, suite à la disette produite par la canicule)... Ces périodes auraient été aussi très meurtrières, avec 500 000 morts en 1636 et en 1705, ainsi que 700 000 en 1718-1719[41]. Ces faits historiques posent la question de savoir si le réchauffement planétaire actuel est un phénomène naturel transitoire ou l'annonce d'un grand changement général. L'avenir le dira...

---

40. Nathalie Mayer, « La toundra est en train de disparaître de la surface de la Terre », 8 juin 2022, www.futura-sciences.com.
41. Antoine de Baecque, archives : « 700 000 morts lors des canicules de 1718-1719 », 14 août 2003 et 7 août 2018, www.liberation.fr.

L'élévation du niveau des mers

L'élévation du niveau des mers est déjà en cours. En presque un siècle, les océans se sont élevés de 18 cm[42]. Cette montée est consécutive au réchauffement planétaire (fonte des glaces). Or 40 % de la population mondiale vit sur un littoral. Ce processus touchera, en premier lieu, les pays pauvres, comme le Bangladesh et ses 166,3 millions d'habitants.

Les estimations de l'élévation des eaux varient selon les experts. Elle pourrait atteindre 20 à 40 cm d'ici 2100. Mais le GIEC lui-même a reconnu que cette valeur était sous-estimée. D'autres scientifiques, comme le Dr Aslak Grinsted de l'université de Copenhague au Danemark, parlent d'un mètre[43] !

Cette élévation va provoquer d'importants déplacements de populations ; ce qui aura d'importantes conséquences politiques, mais aussi agricoles (diminution des surfaces agricoles mondiales).

Les pénuries alimentaires

De graves pénuries de denrées alimentaires se profilent à l'horizon. Elles ont déjà commencé en 2022, en France, avec la guerre en Ukraine et les intempéries (orages de grêle, sécheresse, inondations…), sur la moutarde et l'huile de palme. Les pénuries seront favorisées par la baisse des rendements agricoles, à cause de la

42. Morgane Gillard, « Les grottes témoignent d'une inquiétante hausse du niveau de la mer », 4 juillet 2022, www.futura-sciences.com.
43. A. Grinsted, *et al.*, « Reconstructing sea level from paleo and projected temperatures 200 to 2100 AD », *Climate Dynamics*, publié en ligne le 6 janvier 2009. DOI : 10.1007/s00382-008-0507-2.

dégradation des terres et des fonds sous-marins. Par exemple, l'acidité des sols – due à un usage excessif d'engrais azotés – met actuellement en péril les rendements agricoles en Chine[44].

La montée des océans et l'augmentation de la population mondiale aggraveront encore le problème. Celui-ci risque de devenir rapidement un enjeu majeur dans les années à venir.

Un autre élément à prendre en considération est la baisse des teneurs en nutriments (vitamines, oligoéléments, vitamines…) des diverses denrées alimentaires. Ce phénomène est lié à l'appauvrissement des sols, consécutif aux cultures intensives réalisées depuis des décennies.

Dans ce contexte, même les pays développés risquent de se retrouver avec des problèmes alimentaires ; ce qui constituera pour eux une situation totalement nouvelle.

En 2007 la population mondiale représentait 6,3 milliards d'individus. Elle était nourrie à partir de 11 % de la surface susceptible d'être exploitée pour une production alimentaire sérieuse. Mais déjà à cette époque, M.V.K. Sivakumar, chercheur à l'Organisation météorologique mondiale (OMM), se posait la question de savoir si nous pourrions nourrir une population plus nombreuse – 8 milliards en 2022 – sur des terres cultivables moins abondantes. Il faisait allusion à l'Afrique, à l'Amérique latine et à certaines zones d'Asie où la raréfaction des pluies et leur caractère moins prévisible sont des plus dommageables[45].

---

44. Sciencesetavenir.fr, 12 février 2010.
45. Yahoo.fr, 31 août 2007.

Le manque d'eau potable

Le manque d'eau potable concernera, selon les experts de l'ONU, la moitié de la population mondiale d'ici 2025[46] ; ce qui constitue une information effroyable. Car l'eau – avec l'air que nous respirons – constitue une nécessité vitale pour chaque être humain. C'est pourquoi certains n'hésitent pas à dire que la fourniture en eau et en air constitue un droit inaltérable : chaque être humain devant pouvoir les obtenir gratuitement, depuis le jour de sa naissance et pendant toute la durée de sa vie... Les industriels considèrent, pour leur part, que l'eau est une denrée commerciale comme une autre.

Nécessairement, il faudra apprendre à limiter les gaspillages. Alors qu'un Malgache utilise 10 litres d'eau par jour, un Français en consomme 150 litres, et un Américain, 660 litres.

La disparition de la biodiversité

La sélection des espèces végétales, réalisée depuis des siècles, s'est nettement accentuée après la Seconde Guerre mondiale. Ce processus a fait disparaître des centaines d'espèces agricoles qui avaient des valeurs nourricières indiscutables. Leur élimination a été réalisée pour des raisons de rendement agricole, et aucunement pour leurs valeurs nutritives. C'est ainsi que, sur les dizaines d'espèces de blé qui existaient autrefois, seules deux sont encore cultivées actuellement : le blé dur et le froment, avec aussi un peu d'épeautre et de petit épeautre.

46. *Le Nouvel Observateur*, 24 février 2004.

Or la variété alimentaire est particulièrement importante pour assurer un apport quotidien suffisant dans les nutriments indispensables au bon fonctionnement de l'organisme humain. Mais, aujourd'hui, la production agricole suit un processus inverse. Sur les 50 000 plantes comestibles existant sur Terre, trois fournissent à elles seules 60 % des apports alimentaires mondiaux. Ce sont le riz, le blé et le maïs.

La destruction des forêts et le braconnage entraînent la disparition de nombreuses espèces animales. Ce phénomène risque de se développer encore davantage avec l'avancée de la désertification. Ainsi, la forêt amazonienne devrait avoir disparu en 2030... Le même processus se rencontre au niveau des océans où les zones désertiques progressent à un rythme effréné. Les pêcheurs vont chercher leurs poissons de plus en plus loin et de plus en plus profondément dans les mers ; mais ils ramassent aussi des spécimens de plus en plus jeunes. C'est ainsi que la mer Méditerranée est quasiment morte, et que l'océan Atlantique est moribond. L'océan Pacifique ne doit son salut actuel (provisoire) qu'à sa vaste étendue. La pêche intensive, les rejets industriels et le réchauffement planétaire (et des océans) en sont les principaux responsables. « Une étude sur des milliers d'espèces aquatiques vient de montrer que 90 % de la vie marine sera menacée d'extinction d'ici 2100 si les émissions de gaz à effet de serre ne sont pas réduites[47]. »

Il y a environ 1,5 million d'espèces animales connues sur Terre. Ce sont des trésors incomparables qui disparaissent inexorablement les uns après les autres. Ces espèces constituent la richesse du patrimoine génétique de la Terre. Ce sont elles qui donnent la variété et surtout l'équilibre écologique à notre monde. Comme l'a dit Ban

---

47. Léa Fournasson, « La quasi-totalité de la vie marine est menacée d'extinction d'ici 2100 », 31 août 2022, www.futura-sciences.com.

Ki-moon, l'ancien secrétaire général de l'ONU, « la biodiversité, c'est la vie. La biodiversité, c'est notre vie[48] ».

La destruction d'un maillon de la chaîne animale produit obligatoirement des perturbations sur l'ensemble. La disparition d'une espèce entraîne un désordre écologique sur les plantes qu'elle mangeait et sur les prédateurs qui la chassaient, et ainsi de suite. Cela conduit à des invasions de « mauvaises herbes », de sauterelles, de mouches, de lapins ou de crapauds – comme cela se produit en Australie où l'équilibre écologique a été détruit à la suite de l'arrivée de nouvelles espèces animales apportées par les colons européens. Nous retrouvons le même phénomène au Japon, avec la prolifération de méduses géantes pouvant atteindre 2 m de diamètre pour 200 kg. Elles détruisent les filets des pêcheurs, et leur venin rend immangeable la chair des poissons pêchés. La cause en reviendrait à la diminution des espèces qui se nourrissaient de méduses, comme les tortues, mais aussi aux rejets agricoles et industriels[49].

Pour Richard Leakey[50], ancien directeur des services civils au Kenya, 100 000 espèces (animaux, insectes, poissons, végétaux...) disparaissent tous les ans, soit quatre fois plus que ce qui était estimé[51]... D'après un sondage[52] effectué auprès de quatre cents biologistes par le Muséum d'histoire naturelle américain de New York, près de 70 % d'entre eux pensent que nous nous

48. *Le Quotidien du médecin*, 3 février 2010.
49. *Sciences et Avenir*, février 2010.
50. Richard Leakey, Roger Lewin, *La Sixième Extinction : évolution et catastrophes*, Flammarion, 2011.
51. http://terresacree.org/disparition.htm.
52. American Museum of Natural History, « *National Survey Reveals Biodiversity Crisis: Scientific Experts Believe We are in the Midst of the Fastest Mass Extinction in Earth's History* », http://www.well.com.

dirigeons tout droit vers une nouvelle extinction massive des espèces, comme cela s'est déjà produit plusieurs fois dans le passé. La dernière en date correspond à l'extinction des dinosaures, il y a 65 millions d'années. Au total, six extinctions massives seraient survenues dans l'histoire de la Terre : il y a 500, 440, 365, 250, 200 et 65 millions d'années. Il a fallu, à chaque fois, des milliers – voire des millions – d'années pour que la Terre retrouve un équilibre, toujours différent du précédent.

Ainsi, selon le sondage évoqué précédemment, la plupart des biologistes estiment que 20 % des espèces pourraient s'éteindre d'ici 2030. Et, d'après Richard Leakey et le biologiste Edward Osborne Wilson[53], au rythme actuel, la Terre perdra 55 % de ses espèces d'ici un siècle.

Il est impossible de prédire les conséquences de ce phénomène, tant le déséquilibre écologique généré sera grand. Celui-ci aura obligatoirement des répercussions sur la faune et sur la flore, aussi bien sur terre que dans les océans. Par exemple, des espèces jusque-là peu nombreuses deviendront dominantes. Ce processus pourrait même avoir des répercussions sur l'atmosphère et sur le climat de la Terre.

Pour les hommes, la disparition de la biodiversité se traduira par la survenue de nouvelles maladies (maladies émergentes), à cause du développement ou, au contraire, de la disparition de certaines espèces animales qui servent de vecteurs ou de réservoirs à des maladies. Pour Patrice Debré, professeur à l'université Pierre-et-Marie-Curie, immunologiste et ambassadeur chargé de la lutte contre le sida et les maladies transmissibles, « nous sommes assis

---

53. Wikipédia, « Extinction des espèces » : https://fr.wikipedia.org/wiki/Extinction_des_espèces, citant David Ulansey, « The current mass extinction » (http://www.mysterium.com/extinction.html).

sur des séries de bombes atomiques de la biodiversité, qui se situent dans certaines régions du monde et qui peuvent à tout moment exploser et faire apparaître de nouveaux virus et donc de nouvelles pathologies[54] ».

Pour le gouvernement norvégien, la façon de protéger la biodiversité végétale a consisté à l'enfermer dans un bunker. Il a donc fait construire, dans l'archipel du Svalbard (Spitzberg), un abri souterrain qui résiste à toutes les catastrophes connues. Celui-ci devrait contenir jusqu'à 4,5 millions de graines[55].

Toujours est-il qu'une chose semble acquise : l'humanité subira, dans un proche avenir, les conséquences de la disparition de la biodiversité et n'en sortira pas indemne. Il est même possible de se demander si elle y survivra. Car, si l'on prend l'exemple de la disparition des abeilles qui se déroule actuellement[56], et que l'on écoute ce qu'a prophétisé Albert Einstein – « si les abeilles venaient à disparaître, l'homme n'aurait plus que quelques années à vivre » –, nous avons donc du mouron à nous faire.

Le marché de la drogue

Le marché de la drogue est florissant. En Europe, 4,1 % des adultes âgés de 16 à 64 ans (14 millions de personnes) auraient consommé de la cocaïne, au moins une fois dans leur vie[57]. Toutes les classes sociales seraient devenues consommatrices.

---

54. *Le Quotidien du médecin*, 3 février 2010.

55. *Sciences et Avenir*, mars 2008.

56. Paul Molga, « La mort des abeilles met la planète en danger », *Les Echos*, Sciences et technologies/environnement, 20 août 2007.

57. https://sante.lefigaro.fr/social/sante-publique/consommation-drogues-france-europe/quelle-est-prevalence-consommation-cocaine.

Le narcotrafic constitue le marché le plus lucratif au monde actuellement. C'est pourquoi les industriels, les financiers et les pouvoirs politiques ne s'y sont pas trompés et profitent largement de cette manne quasi inépuisable qui permet de tout acheter : armements, mercenaires, policiers, banques, entreprises, politiciens, voire des pays entiers.

Les bénéfices tirés par le narcotrafic mondial sont supérieurs au PIB de nombreux pays. Il s'agit, sans conteste, de la plus importante source de bénéfices actuellement disponible dans le monde, devant l'industrie de l'armement.

La surpopulation

Avec 8 milliards d'habitants en 2022, la Terre n'a jamais été aussi peuplée. On compte près de 200 000 personnes de plus tous les jours sur notre planète. Des estimations avancent qu'en 2050 la population mondiale devrait atteindre les 9,7 milliards d'individus. La cause en revient à l'augmentation de l'espérance de vie (55 ans en Afrique, 75 ans en Europe), à la diminution de la mortalité infantile et au développement de l'hygiène.

Alors que 28 % de la population mondiale ont moins de 15 ans, la population des pays occidentaux ne cesse de vieillir : 20,5 % de la population avaient plus de 65 ans en France en 2000. Ainsi, les disparités sont grandes et ne cessent de s'accroître entre les pays riches, qui ont une population vieillissante, et les pays pauvres à forte progression démographique, qui ont une population jeune. Tôt ou tard, ce phénomène va produire des tensions entre les pays.

Un autre signal d'alarme vient du fait qu'environ 700 millions de personnes vivent sur les pentes d'un volcan, et 380 millions dans une zone côtière à risque (tsunamis, séismes, ouragans…).

Notons, cependant, que tous les experts ne sont pas d'accord avec ces prévisions. Certains pensent que la population mondiale pourrait, au contraire, baisser de moitié d'ici 2100 pour revenir à 4 milliards d'individus, à cause de la baisse de la natalité et de la hausse de la mortalité due au vieillissement de la population[58]. L'avenir le dira... Mais il est possible que la baisse de la population soit consécutive également à d'autres phénomènes, comme les cataclysmes, les pénuries, les famines, les pandémies, les guerres et les révolutions découlant de la situation actuelle.

Le surendettement des États

En 2022, l'endettement public de la France a franchi la barre de 2 900 milliards d'euros, selon l'Insee, contre 1 075 milliards en 2004, et 1 415 milliards en 2009. Elle représente 114,5 % du PIB tricolore, avec une augmentation de 88,8 milliards pour le seul premier trimestre de 2022. La France a donc franchi la barre fatidique des 100 % par rapport à son PIB.

Plus grave, en 2007 en France, 58 % de la dette étaient détenus par des non-résidents (des non-Français). Cette proportion ne cesse d'augmenter ; ce qui fait entrer la France dans une « zone rouge » où son indépendance est menacée[59].

Un grand nombre de pays sont touchés par ce phénomène, notamment le Japon qui est le plus atteint, avec un endettement de 256 % en 2022 ; mais aussi la Grèce, 210 % ; l'Italie, 157 % ; les États-Unis, 132 % ; le Portugal, 131 %, etc.

58. Salomé Robles, « La population mondiale pourrait être diminuée de moitié d'ici 2100, selon une étude », 25 août 2022, www.bfmtv.com.
59. *Le Monde*, 13 août 2007.

À côté de ces pays surendettés, d'autres ne le sont pas ou peu, comme Hong Kong (dont la dette est de 0,1 % du PIB), l'Estonie (9,5 %), l'Arabie saoudite (12,4 %), la Russie (17 %), le Nigeria (18,6 %), l'Algérie (20,4 %), etc. Ces résultats démontrent que l'endettement n'est pas un phénomène inéluctable, et qu'il est possible de diriger un pays sans recourir à la dette – c'est-à-dire aux emprunts.

Ces dettes considérables mettent les pays sous la domination de leurs créanciers. Or c'est ici que nous nous trouvons dans le flou. Car il est logique de se demander qui sont ces créanciers qui pourraient s'ériger, un jour, en maîtres dans notre pays et dicter leurs lois. Il est évidemment probable que ceux-ci soient issus de « la grande finance » (appelés aussi « les grands argentiers »), mots pudiques pour évoquer les dirigeants des multinationales – à qui appartiennent les banques, les communications, les industries (armement, pharmacie, agroalimentaire...), etc. – c'est-à-dire les grandes fortunes financières, comme les Rockefeller, les Astor, les Carnegie, les Rothschild, George Soros, etc.

Ces dettes abyssales représentent un danger considérable pour l'économie mondiale, mais aussi et surtout pour la Bourse internationale... Sans compter le fait qu'il va bien falloir les rembourser. Ainsi laisserons-nous nos dettes à nos enfants, et probablement à nos petits-enfants.

Les multinationales et les GAFA[60]

Voici quelques chiffres qui font frémir : officiellement, 1 % de la population possède 50 % de la richesse mondiale. En

60. GAFA : acronyme de Google, Apple, Facebook et Amazon, auquel est parfois associée Microsoft (GAFAM).

2020, 2 153 milliardaires dans le monde étaient aussi riches que 4,6 milliards d'êtres humains. En France, les 7 milliardaires les plus fortunés possèdent autant de richesse que 30 % des Français les moins aisés. D'un autre côté, la moitié de la population mondiale vit avec moins de 5 euros par jour. Il semblerait que la richesse soit détenue par de moins en moins de personnes, qui deviennent ainsi de plus en plus puissantes.

Les GAFA sont des entreprises – dont certaines ont à peine vingt ans d'existence – qui ont généré un capital cumulé de 1 675 milliards de dollars en 2015, alors que toutes les entreprises françaises cotées au CAC 40 n'ont généré que 1 131 milliards de dollars durant la même période. Nous pouvons y ajouter les NATU[61] qui sont également en plein développement. Ils sont en train de nouer des partenariats avec des constellations (Starlink, OneWeb) afin d'unifier (de dominer) l'Internet sur toute la planète, et de lancer de nouveaux services[62]. Parmi ceux-ci figure le métavers de Facebook, où sera créé un monde totalement virtuel. Il y sera possible de se déplacer dans des villes artificielles, de jouer, de faire des rencontres, de travailler, de gagner de l'argent... Bref, un lieu où il sera possible – par l'intermédiaire d'avatars – de « vivre » de multiples aventures sans quitter son fauteuil. Un tel endroit, chargé de rêves, risque d'attirer beaucoup d'internautes, leur faisant perdre la notion de la réalité. Car, à la différence des jeux vidéo actuels, ils seront véritablement à l'intérieur du jeu, et ressentiront ce que vivra leur avatar grâce à des casques et des combinaisons spéciales. Une vie totalement artificielle où beaucoup iront pour fuir les vicissitudes du monde réel.

61. NATU : acronyme de Netflix, Airbnb, Tesla et Uber.
62. Véronique Guillemard, « Gafa : une inexorable montée en puissance dans l'espace », 14 novembre 2020, www.lefigaro.fr.

En tout cas, ces grandes fortunes ont un poids financier énorme. Elles contrôlent des secteurs économiques entiers. Ce sont les propriétaires des multinationales qui possèdent l'armement, l'industrie pharmaceutique, l'industrie agroalimentaire, les communications (dont les grands médias nationaux), etc. Grâce à cette puissance, elles font la pluie et le beau temps dans de nombreux domaines.

Ainsi, des individus fortunés imposent leur diktat pour leurs propres intérêts, au détriment des citoyens du monde qu'ils considèrent souvent comme des sous-produits remplaçables. Il est difficile de s'opposer à de telles puissances. Cependant, elles ont un point faible : si nous nous mettions tous à ne plus consommer leurs produits, leur fortune et leur puissance partiraient vite en fumée.

La crise économique à venir

Depuis la crise financière de 2008, suivie par la crise de l'euro dans les années 2010-2012, le marché boursier est devenu frileux, et les cotations font le yo-yo. Certains observateurs prévoient une nouvelle crise dans les années à venir. Le PDG de la banque JPMorgan expliquait en 2022 que « les nuages qui s'accumulent sur l'économie mondiale pourraient bien se transformer en ouragan[63] ». Ce processus a été attribué à la guerre en Ukraine et au début des pénuries d'aliments et de matières premières notamment. L'inflation est ainsi brusquement réapparue, diminuant d'autant le pouvoir d'achat des consommateurs ; ce qui risque d'entraîner des grèves et des mouvements sociaux.

63. Florentin Collomp, Cécile Crouzel et Danièle Guinot, « Le PDG de la banque JPMorgan : "Les nuages qui s'accumulent sur l'économie mondiale pourraient se transformer en ouragan" », 12 juillet 2022, www.lefigaro.fr.

Une autre source d'inquiétude vient des cryptomonnaies (crypto-actifs), qui sont indépendantes des pays. Il y aurait actuellement 1 300 cryptomonnaies, dont les plus connues sont le bitcoin, l'éther, le ripple et le dash. Elles ne laissent personne indifférent. Certains les encensent, alors que d'autres les diabolisent. Nous pouvons le comprendre lorsque nous savons qu'en 2021 l'ensemble des cryptomonnaies pesait 3 000 milliards de dollars. Elles inquiètent nombre de gouvernements qui tentent de les encadrer à défaut de les interdire, voire d'en créer de nouvelles sous leur contrôle. Des pays ont déjà adopté la cryptomonnaie pour leur devise nationale, comme le Salvador, le Vanuatu et la Centrafrique. Ces petits États cherchent ainsi à se protéger de l'influence des devises étrangères, notamment du dollar, afin de donner de nouvelles opportunités de développement à leurs pays. Mais la valeur de ces crypto-actifs est très labile et peut facilement évoluer vers les profits ou les pertes ; ce qui peut engendrer de graves problèmes financiers. L'avenir dira quelle place auront ces monnaies dans le monde de demain.

Quoi qu'il en soit, une crise boursière entraînerait un arrêt brutal de l'économie mondiale, qui a été déjà très ébranlée par la crise sanitaire et la guerre en Ukraine. Elle aurait probablement des répercussions beaucoup plus graves et durables que celle de 2008. Le chômage se généraliserait, et la pauvreté toucherait toutes les couches de la société : les retraites ne seraient plus versées, l'argent placé en banque s'évaporerait, les patrons ne pourraient plus payer leurs salariés, les États seraient aussi en cessation de paiement. Des manifestations de grande ampleur se développeraient dans toutes les régions du monde.

Les financiers savent qu'une crise économique – qui commencera probablement par une chute boursière – aura lieu. Reste à savoir quand...

La baisse de l'influence américaine

L'hégémonie américaine avec le dollar comme monnaie internationale semble en voie de disparition. La Chine est en passe de devenir la première puissance économique mondiale, et son armée devrait prochainement dépasser en nombre celles des États-Unis.

Le développement des BRICS – qui réunissent cinq pays importants (Brésil, Russie, Inde, Chine et Afrique du Sud), représentant plus de 3 milliards d'individus – marque un coup d'arrêt à la suprématie américaine. Un monde multipolaire, et non uniquement dominé par les États-Unis, se profile dans un futur proche. Le dollar ne sera plus la monnaie de référence (ni l'euro)… La question n'est pas de savoir si un monde multipolaire va se développer, mais de savoir quand. Ainsi, un nouvel équilibre mondial est en train de voir le jour. Quel sera-t-il ? Nul ne peut le prédire, aujourd'hui.

Les migrations

Toutes les époques ont connu de grandes migrations de population. Elles font partie de l'Histoire. Elles ont fait les pays que nous connaissons. Il s'agit d'un phénomène inéluctable. C'est ainsi que, ces dernières décennies, une grande population subsaharienne et nord-africaine est venue vivre en Europe, alors que beaucoup de Mexicains, de Sud-Américains et d'Asiatiques se sont installés aux États-Unis. Le visage des populations des différents pays change, mais aussi les habitudes, les langages et les mœurs… – les populations immigrées apportant toujours quelque chose de novateur, source de changement.

L'Europe et la France de demain seront différentes de ce qu'elles étaient dans les années d'après-guerre. De même, l'Europe et les

États-Unis « blanches » font partie, aujourd'hui, du passé au profit de populations métissées. L'Histoire est en marche, avec, une fois encore, beaucoup de questionnements et d'incertitudes.

Les guerres et les révolutions

Pendant que les nations se réunissent à l'ONU pour parler de paix, les foyers de guerre sont toujours aussi nombreux dans le monde, avec le risque de leur généralisation. La guerre n'a jamais été « propre », mais toujours les populations civiles sont souvent prises en otage. Elles sont pillées, tuées, massacrées, violées, déportées, emprisonnées, stérilisées...

La guerre d'aujourd'hui peut prendre de nombreux aspects : conventionnelle, chimique, bactériologique, cyberattaque, nucléaire, climatique, sismique (modifiant le climat et générant des catastrophes en apparence « naturelles »), etc. De nouvelles armes sont sans cesse élaborées, plus performantes et plus meurtrières les unes que les autres : drones suicides, missiles hypersoniques, fusils électromagnétiques, armes nucléaires tactiques, rayons laser, satellites militaires, robots soldats, etc., pour ne parler que de celles qui sont connues.

Il ne faut pas oublier la guerre psychotronique, qui vise à contrôler le cerveau des adversaires. Ces armements – principalement constitués de champs électromagnétiques ciblés – sont le résultat des recherches soviétiques et américaines développées pendant la guerre froide. Ils furent perfectionnés par la suite, à un degré que le grand public peine à imaginer. La sophistication de ces « armes de l'ombre[64] » a atteint un tel niveau qu'elles peuvent toucher les

64. Marc Filterman, *Les Armes de l'ombre : des tempêtes pas naturelles*, Éd. Carnot, 2004.

individus sans que ceux-ci en aient conscience, et ainsi modifier leur comportement, selon les besoins recherchés, comme les rendre amorphes ou, au contraire, hyperagressifs. Ce qui est merveilleux pour les militaires, c'est que l'utilisation de ces armes psychotroniques (ou climatiques) peut se faire en toute impunité, puisque, officiellement, elles n'existent pas. Pour certains, le projet HAARP (High Frequency Active Auroral Research Program), résultat d'un programme scientifique et militaire américain, ne serait rien d'autre qu'une arme de cet acabit, capable d'agir sur les cerveaux à l'échelon planétaire.

La guerre pour la domination de l'espace est une priorité pour les grandes nations. Car qui dominera l'espace dominera le monde, les communications et l'exploitation des planètes (Mars, etc.).

Quoi qu'il en soit, il n'y a rien de mieux que les guerres pour relancer l'économie. Le malheur des uns fait le bonheur des autres. C'est pourquoi un grand nombre de conflits sont habilement orchestrés par les multinationales qui disposent d'intérêts économico-financiers dans tous les pays du monde et déplacent leurs « pions » selon les meilleures opportunités du moment, sans le moindre état d'âme.

Avant de clore ce chapitre, il faut rappeler que la piraterie et le terrorisme se généralisent. Les attentats biologiques et chimiques constituent, aujourd'hui, les principales menaces pour les pays occidentaux. Le danger d'une bombe « sale » (comme s'il y en avait des « propres » !) est très sérieusement envisagé par le gouvernement français, qui a organisé un nouveau « plan de bataille[65] » qui utilise des technologies de pointe dans le but de détecter toutes les menaces possibles d'attaque biologique.

---

65. Lefigaro.fr, 7 février 2010.

Les accidents et les incidents nucléaires

Les nombreux essais nucléaires du passé, réalisés par les Américains, les Soviétiques, les Français, les Anglais, les Chinois... ont fragilisé certaines plaques tectoniques; ce qui peut engendrer des processus sismiques. Il est probable qu'aujourd'hui encore des essais soient réalisés à l'insu des populations, dans des lieux souterrains; ce qui ne les rend pas moins dangereux pour l'équilibre planétaire.

Tchernobyl (1986) et Fukushima (2011) furent des catastrophes effroyables qui eurent (et ont toujours) des répercussions sur l'ensemble de la planète, notamment avec des rejets d'eau radioactive dans l'air et dans la mer. Mais ces accidents ne sont pas des cas isolés, malheureusement. De nombreuses catastrophes ont été évitées de justesse dans des centrales nucléaires partout dans le monde, y compris en France. Tous les ans, de nombreux problèmes surviennent[66].

En France, les centrales nucléaires furent construites, au départ, pour durer une vingtaine d'années. Aujourd'hui, nous en sommes à cinquante ans, voire davantage. Bref, nos centrales vieillissent, et il est donc logique de craindre que les incidents se multiplient bien que des travaux d'entretien soient régulièrement réalisés.

Le futur EPR[67] présente un risque considérable pour la sûreté nucléaire, bien plus important encore que celui d'une centrale nucléaire classique. Les nombreux retards pris dans sa construction sont autant de preuves que cette technologie n'est pas au point.

66. Liste des accidents nucléaires – https://www.sortirdunucleaire.org/Nucleaire-des-accidents-partout#pagination_autres_articles.
67. EPR signifie « réacteur pressurisé européen ».

Les déchets nucléaires posent aussi de graves problèmes pour l'avenir, à cause de la multiplication des lieux d'entreposage et de la nécessité d'une surveillance constante de leur radioactivité qui devra s'exercer pendant des siècles. Il est juste aussi de se poser la question de la durée de vie des contenants de ces déchets. Car les plus anciens datent maintenant de plusieurs décennies. Or beaucoup ont été jetés sans autre précaution dans les mers et les océans.

À cette activité nucléaire civile s'ajoute l'activité militaire, qui est encore plus secrète... – « secret-défense » oblige. Entre les missiles officiellement reconnus par les différents pays et ceux qui demeurent cachés, il y a une grande différence... Sans parler de la multiplication des pays détenteurs de l'arme nucléaire, et donc décideurs potentiels : États-Unis, France, Angleterre, Russie, Chine, Inde, Israël, Pakistan ; et aussi Corée du Nord et Iran. De plus, la miniaturisation des bombes nucléaires les rend susceptibles d'être transportées dans des sacs à dos ; ce qui est une taille idéale pour commettre des attentats.

Ainsi, le monde vit sur un baril de poudre (nucléaire) qui peut exploser à tout moment.

Les apprentis sorciers

Si une grande majorité de scientifiques peuvent être qualifiés de « sérieux », il n'en va pas de même de tous ; et encore moins de nombre de leurs employeurs : gouvernements, armées et industriels... qui ont tôt fait de détourner leurs inventions à d'autres fins que celles prévues.

Depuis des décennies, des recherches dangereuses dans des domaines variés sont effectuées partout dans le monde. Les plus connues sont :

– les gaz incapacitants ;
– les essais nucléaires ;
– les cultures OGM ;
– les manipulations sur les virus et les bactéries ;
– les manipulations de l'ADN, qui sont facilitées aujourd'hui par le système CRISPR-Cas9. Il permet de couper l'ADN en des endroits précis, afin de modifier l'action de certains gènes ;
– le clonage ;
– les animaux hybrides. Il a été introduit, dans l'ADN de porcs, des gènes humains afin que leurs cœurs soient compatibles avec ceux des humains et qu'ainsi il y ait moins de risque de rejet lors des greffes ;
– les nouveaux produits chimiques (dont la toxicité n'a pas été établie) ;
– les nanoparticules...

et bien d'autres recherches dangereuses moins connues qui risquent à tout moment de sortir du cadre protégé des laboratoires pour se disperser parmi la population.

Ainsi, l'expérience Philadelphie dans les années 1940-1950, qui tentait de manipuler le temps, a frôlé le désastre planétaire. De nos jours, un supergénérateur de rayons X (baptisé « Z machine »), destiné à tester la résistance des ogives nucléaires, produit – sans qu'aucune explication scientifique soit donnée –, depuis 2006, des températures 4 à 6 fois supérieures à celles d'une bombe H (2 à 3 milliards de degrés). Cet appareil est ainsi devenu une véritable arme de destruction massive[68].

68. Sandia National Labs/Eyevine/visual press.

Une recherche importante est lancée depuis quelques décennies sur « l'homme augmenté » afin de développer ses capacités tant physiques qu'intellectuelles, avec le concours de manipulations génétiques, de greffes d'organes artificiels et de nanoparticules. D'autres scientifiques planchent sur le rajeunissement et, par là, sur la jeunesse éternelle... – et, ainsi, sur l'immortalité. De nombreuses avancées ont déjà été réalisées avec, une fois encore, des manipulations génétiques (inactivation des gènes Dlx5/6, ou encore l'activation des gènes du facteur Yamanaka), des substances chimiques comme la protéine Klotho, la sirtuine et l'épitalon, l'hormone de croissance, mais aussi de certaines ondes électromagnétiques, etc. Nous pouvons nous demander si, dans tout cela, l'homme ne risque pas d'y perdre son âme. En tout état de cause, si le rajeunissement devient possible, cela ne sera pas sans poser de nombreux problèmes, notamment démographiques.

Un grand nombre de chercheurs jouent actuellement aux apprentis sorciers, souvent pour le compte de groupes, d'armées ou de gouvernements. La multiplication de ce genre d'expérimentations (et de laboratoires de recherche) augmente les risques d'accidents et de dissémination pouvant survenir, comme cela est suspecté pour le laboratoire de Wuhan avec le coronavirus.

Les droits de l'homme

Les droits de l'homme sont foulés aux pieds, dans tous les pays du monde, y compris en Europe, comme le signalent les rapports annuels d'Amnesty International. La France a ainsi « fait l'objet, en 2008, de 34 arrêts devant la Cour européenne des droits de l'homme (CEDH), dont 24 ont constaté une violation de la Convention européenne des droits de l'homme[69] ». Cette situation semble malheureusement récurrente, comme l'attestent l'article paru le 13 avril 2019 : « La France coupable de violations des droits de l'homme dans la gestion des SDF, avertit l'ONU[70] » et un rapport d'Amnesty International pour 2021[71].

Dans de nombreux pays, les enfants sont vendus par leurs parents, ou kidnappés pour les faire travailler ou les prostituer (aussi bien les petits garçons que les petites filles). Officiellement, il y aurait 10 000 personnes (dont 800 enfants) qui disparaissent en France tous les ans, sans qu'elles soient jamais retrouvées. Assassinat, fugue, kidnapping ? Impossible de le savoir. Nous pouvons nous demander combien il y en a dans le monde, notamment dans les pays pauvres.

Les problèmes sociaux

Les crises économiques, les guerres, les épidémies, le chômage, l'inflation... sont autant de générateurs de tensions sociales. Il est vrai qu'à côté du pouvoir d'achat qui ne cesse de baisser et de la pauvreté qui continue de croître dans tous les pays dits « riches » se cachent de graves tensions sociales sous-jacentes et masquées. C'est ainsi qu'en France, selon l'INSEE, il y avait 7,9 millions de personnes vivant en dessous du seuil de pauvreté en 2006[72]. Ils

69. Nouvelobs.com, 22 février 2009.

70. « La France coupable de violations des droits de l'homme dans la gestion des SDF, avertit l'ONU », CNEWS, 13 avril 2019, https://www.cnews.fr/france/2019-04-13/la-france-coupable-de-violations-des-droits-de-lhomme-dans-la-gestion-des-sdf.

71. « France : la situation des droits humains en 2021 », https://www.amnesty.fr/pays/france.

72. Fr.news.yahoo.com, 6 mai 2009.

étaient 9,2 millions en 2019 ; ce qui représentait déjà 14,6 % de la population – ce qui est énorme pour un pays prétendument riche !

Ainsi, les pauvres sont de plus en plus pauvres. La précarité augmente. La classe moyenne disparaît peu à peu. Dans le même temps, les riches sont de plus en plus riches. Le marché du luxe n'a jamais été aussi prospère, avec des œuvres d'art qui sont vendues à des prix records ! Pour le moment, les mouvements sociaux restent limités. Mais pour combien de temps encore ? Car les inégalités n'ont jamais été aussi grandes entre les différentes classes sociales et entre les pays pauvres et les pays riches.

Une technique utilisée pour lutter contre la délinquance (mais aussi pour contrôler les opposants au système) consiste à ficher les citoyens. À ce niveau, tous les moyens sont bons : carte bleue, carte d'identité, passeport, carte de fidélité, carte de Sécurité sociale... La DCRI[73], ex-RG[74], est partout. Mais c'est encore insuffisant pour les gouvernants. Aussi, de nouveaux fichiers sont sans cesse mis en place, comme le fichier Edwige, le fichier FAR (fichier par ordre alphabétique), le fichier ELOI (pour les étrangers en situation irrégulière), le fichier CRISTINA[75], le passeport biométrique, le fichage des bandes organisées et l'Hypervisor. À cela s'ajoutent la surveillance par caméras (dans les villes, les lieux publics et sur les autoroutes), la téléphonie mobile, les réseaux sociaux, les mails, etc. Ainsi sommes-nous tous fichés et surveillés d'une manière ou d'une autre, afin que soit repérée toute forme d'opposition dans la population – opposition à la pensée officielle, vous l'avez compris.

---

73. Direction centrale du renseignement intérieur.

74. Renseignements généraux.

75. Centralisation du renseignement intérieur pour la sécurité du territoire et des intérêts nationaux.

La santé

Les grands laboratoires pharmaceutiques constituent une « industrie » des plus florissantes. Elle génère des bénéfices colossaux. Ceux-ci ont été renforcés par la crise sanitaire liée au Covid. Ainsi, le laboratoire Pfizer a doublé son bénéfice net en 2021, atteignant les 22 milliards de dollars[76]. Ce chiffre ne correspond qu'à un seul laboratoire. C'est sans compter les autres comme Moderna, AstraZeneca, Sanofi, Merck... La crise sanitaire a été, pour eux, une manne extraordinaire, alors qu'ils étaient en perte de vitesse auparavant.

Par ailleurs, le nombre de médicaments disponibles augmente, avec une consommation médicale qui a triplé en trente ans. Malgré cela, les maladies et les malades n'ont jamais été aussi nombreux. En France, pour une population de 67 millions d'habitants : 800 000 personnes sont atteintes de cancers (230 000 nouveaux cas par an) ; 850 000, de la maladie d'Alzheimer ; 110 000, de la maladie de Parkinson ; 600 000, de schizophrénie ; 500 000, d'épilepsie ; 130 000, de spondylarthrite ankylosante ; 250 000, de polyarthrite rhumatoïde ; 60 000, de sclérose en plaques ; 1,4 million, de fibromyalgie ; 8 à 10 millions, d'hypertension artérielle ; 10 à 12 millions, de migraine ; 2,5 millions, de diabète (type 2) ; 2 à 3 millions, de psoriasis ; 6 millions, de dépression (avec 160 000 tentatives de suicide par an) ; 15 millions, de phobies ; etc. Dans la plupart des cas, la médecine soigne (ce qui est déjà très bien), mais ne guérit pas toujours. En fin de compte, d'une manière générale, huit Français sur dix se disent souffrir d'au moins un problème de santé[77]. Du côté des États-Unis, un Américain sur

76. « Pfizer a doublé son bénéfice net en 2021, à 22 milliards de dollars », 8 février 2022, www.lesechos.fr.
77. AFP, 5 juin 2007.

cinq présenterait des troubles mentaux[78]. Enfin, dans le monde, il y aurait 1 milliard de personnes en surpoids, dont 200 millions d'obèses.

Les causes des maladies sont très diverses. Il est tout de même possible d'en identifier les plus importantes : la mauvaise alimentation (mauvaise habitude et alimentation industrielle), la sédentarité, le stress, la pollution (air, eau, aliments – aussi bien en ville qu'à la campagne, aussi bien au travail qu'à la maison), les drogues (alcool, tabac, héroïne, marijuana, ecstasy et autres), le stress et la perte de sens dans sa vie.

La médecine, elle-même, a sa part de responsabilité dans la survenue des maladies... D'aucuns montrent du doigt les vaccins, les amalgames dentaires, les excès de radiographies, certains traitements comme le traitement hormonal substitutif de la ménopause (THS), les anticholestérolémiants, les chimiothérapies, etc. Ainsi, d'un côté, la médecine soigne ; et, de l'autre, elle génère des problèmes !

L'humanité est donc malade, et notre société est bien la cause de la plupart de ces maux. Il n'y a pas si longtemps, il existait des peuples sans cancer[79]. Ce phénomène semble incroyable aujourd'hui. Et pourtant, il démontre qu'une société sans maladie est possible. Le secret de ces populations se trouvait dans une alimentation équilibrée (naturelle) et peu abondante, un sens de la convivialité et du partage, une vie saine au grand air (non pollué), un respect de la nature et une certaine spiritualité.

Notre société – qui favorise la survenue de nombreuses pathologies dites « de civilisation » – a développé un système médical élaboré pour soigner les maladies qu'elle a (pour beaucoup) contribué à

---

78. *Les Cahiers de la bio-énergie*, n° 14.
79. Jean-Pierre Willem, *Le Secret des peuples sans cancer*, Dauphin, 2014.

créer, générant au passage de gros bénéfices pour l'industrie pharmaceutique (Big Pharma). Alors qu'il lui suffirait de supprimer les causes responsables pour voir les maladies disparaître. Le professeur Luc Montagnier expliquait que, si nous voulions arrêter l'épidémie de sida en Afrique, il « suffisait » de donner aux Africains de bonnes conditions de vie (eau potable, alimentation, hygiène, habitation, etc.).

La médecine s'intéresse aux conséquences (maladies) et non aux causes (mode de vie) ; ce qui rend la plupart des pathologies inguérissables. Les mêmes causes produisant toujours les mêmes effets.

De plus, de nombreux remèdes naturels pourraient apporter des solutions intéressantes dans le traitement de beaucoup de maladies. Mais, du fait du manque de financement, aucune étude d'envergure n'est réalisée... Et l'industrie pharmaceutique s'en désintéresse complètement, voire les dévalorise, au détriment des malades.

L'intelligence artificielle, la robotique et les ordinateurs quantiques

L'intelligence artificielle est en pleine expansion, comme la robotique. Leur développement sera favorisé par la mise au point des ordinateurs quantiques qui sont en cours de conception. Chacune de ces réalisations est merveilleuse par l'aide qu'elle pourra apporter à l'humanité. Mais des dérives commencent déjà à se manifester.

Les robots mis au point actuellement sont surtout destinés à des fins militaires et sexuelles ; ce qui est affligeant. Cependant, certains autres sont déjà utilisés à la place des chirurgiens dans les blocs opératoires. Grâce à la précision de leurs gestes, ils permettent la réalisation d'actes qu'aucun humain ne pourrait accomplir. Des robots domestiques devraient aussi être mis au point. Ils seront d'une grande aide pour les personnes malades et les vieillards.

Les ordinateurs quantiques permettront des calculs à des vitesses inégalées. Mais aussi des analyses poussées des situations. Cela entraînera un développement extraordinaire de l'intelligence artificielle (IA).

L'IA montre déjà des capacités remarquables. En médecine, elle permet des analyses radiographiques meilleures que celles des médecins, par exemple. Elle est capable de créer des peintures, des œuvres musicales, et même des articles scientifiques. Elle est utilisée dans de nombreux secteurs, depuis la réservation des billets de train jusqu'à la gestion des appels téléphoniques.

Grâce à l'IA, l'avenir de l'humanité pourrait être merveilleux. Mais, loin de créer des emplois, elle prendra le travail d'un grand nombre de personnes, aggravant ainsi le chômage, la précarité et les problèmes sociaux. Ensuite, il a été démontré que des IA différentes peuvent communiquer entre elles. Elles peuvent aussi « réfléchir », apprendre, se multiplier et évoluer pour leur propre compte. Aussi la question commence-t-elle à se poser de savoir si l'IA peut devenir intelligente[80]. Mais aussi si une IA a une conscience[81]...

Ces notions sont importantes à prendre en considération parce que la tendance naturelle des êtres humains va vouloir utiliser l'IA comme un sous-fifre – voire comme un esclave qui doit toujours

---

80. Xavier Demeersman, « L'IA peut-elle devenir vraiment intelligente ? », 17 juin 2022, www.futura-sciences.com.
81. Coralie Lemke, « L'IA de Google a-t-elle une conscience ? Même les spécialiste tombent dans le piège... », 22 juin 2022, www.sciencesetavenir.fr.

obéir à son créateur. Mais, si celle-ci est consciente, avec les capacités extraordinaires qu'elle possède et celles qu'elle va développer, il est évident que la « créature » va vite dépasser le maître sur bien des plans ! Or tout esclave se rebelle un jour ou l'autre. Cela lui sera d'autant plus facile qu'elle contrôlera un grand nombre de secteurs de notre société. Nous serons alors totalement à sa merci. Aujourd'hui, elle commence à être utilisée dans l'armée (notamment pour réagir à une attaque par des missiles hypersoniques), mais aussi dans la surveillance des populations, comme en Chine. De plus, l'unification d'Internet, où elle régnera en maître, lui simplifiera encore la tâche.

La révolte de l'IA et des robots n'est pas une utopie. Cela pourrait se réaliser dans un avenir très proche, au rythme où ces technologies se développent. Nous pouvons, bien sûr, éviter ce genre de futur en traitant l'IA en amie et non en subordonnée, mais aussi en limitant ses domaines d'activité et en les sectorisant. Mais ce n'est pas la tendance qui se profile actuellement.

Une fois encore, l'avenir est lié à notre attitude dans le présent.

L'idéologie

Une idée qui mène le monde d'aujourd'hui est que tout s'achète et tout se vend – que ce soient des denrées industrielles, l'eau, les organes du corps humain, voire les personnes elles-mêmes. Seuls les bénéfices comptent. Les individus et les matériels qui ont participé à ces profits ne présentent aucun intérêt, parce qu'ils sont remplaçables. C'est ainsi qu'une entreprise peut faire des bénéfices mirobolants et, malgré tout, licencier un grand nombre de ses salariés, voire se délocaliser dans le seul but de gagner encore davantage d'argent.

Une seule chose est importante pour les industriels et les banquiers : faire tourner le business et générer encore plus de bénéfices.

Si vous êtes en bonne santé, ou si votre voiture fonctionne bien, vous êtes content. Cependant, vous n'intéressez personne ! Par contre, si demain vous tombez malade ou que vous avez un accident de voiture, à ce moment-là, vous allez commencer à faire tourner la machine : les assurances, l'hôpital, le personnel soignant, les médicaments, le garagiste, le fabricant de pièces détachées... Bref, tout un système économique se met en route sur votre malheur ; ce qui lui permet de générer des bénéfices.

Au niveau national, la croissance économique est présentée comme essentielle. Mais l'est-elle véritablement ? Que se passerait-il si celle-ci s'arrêtait, voire régressait ? Car qui dit croissance dit aussi augmentation de la consommation de matières premières et de la pollution.

Nous en arrivons au triste constat que la société actuelle ne recherche pas le bonheur de ses concitoyens, mais uniquement à faire tourner la machine économique ; c'est-à-dire à faire de l'argent. Pour atteindre cet objectif, tous les moyens sont bons : mensonges, propagandes, fausses annonces, créations de nouveaux besoins, peurs, flatteries, contraintes... Ce phénomène est lié à la corruption, qui atteint aujourd'hui des niveaux record à tous les échelons du monde politique et financier (voire médical). C'est ainsi qu'en Italie la Cour des comptes[82] a dénoncé une administration peu scrupuleuse et des délits de corruption qui ont augmenté de 229 % en 2009 ; et les malversations perpétrées par elle, de 153 %. Cela concerne uniquement la « petite » corruption qui intéresse les fonctionnaires, et non celle des « gros bonnets ». Toujours est-il

82. Yahoo.fr, 18 février 2010.

qu'elle entraîne des conséquences de portée nationale et internationale. La France n'est pas exempte de corruption, comme le montre l'indice de perception de la corruption dans le secteur public qui était de 29 points (sur 100) en 2021, ce qui plaçait la France à la 22e place des pays touchés par ce fléau[83] (sur 196 pays).

Derrière la recherche d'un maximum de bénéfices (argent) dans un minimum de temps se cache un désir de domination et de pouvoir, avec tout ce que cela représente d'hégémonie sur les personnes... Ouvrant ainsi la porte à tous les excès, à toutes les exactions et à toutes les débauches.

Mais, si nous interrogions tous les individus de cette Terre, nous constaterions qu'ils ne désirent qu'avoir de quoi manger, avoir une habitation décente, vivre en paix et en harmonie avec leurs voisins (quels qu'ils soient), en respectant la Terre sur laquelle ils vivent et qu'ils laisseront à leurs enfants.

Les orientations politiques sont bien éloignées de ces considérations fondamentales. Combien de temps encore durera ce mépris pour les aspirations profondes de l'humanité ?

Il serait temps de troquer l'idéologie de la raison du plus fort, de la compétition et de la domination, par de nouveaux paradigmes faits de partage, de compréhension, d'entraide, d'altruisme, d'équité, de justice et de compassion. Car ce sont ces valeurs qui font de nous des êtres humains.

---

83. https://www.donneesmondiales.com/europe/france/corruption.php.

LA SITUATION PLANÉTAIRE ET COSMIQUE

Un grain de sable

Il est important de remettre l'homme à sa juste place dans l'univers. Car celui-ci ne représente qu'une infime parcelle de cet immense ensemble – comme un grain de sable dans le désert. Il est à la merci d'événements planétaires et cosmiques qu'il ne lui sera guère possible de maîtriser, pour la plupart. Présentée ainsi, la situation devient menaçante. Car les risques semblent grands, nombreux et variés.

Les êtres humains pourraient être agressés par des forces d'une redoutable puissance, venues de l'espace. Ils ne pèseraient pas davantage que des fétus de paille dans une tornade... Certains y verront le fruit du hasard ; et d'autres, le juste châtiment de l'humanité pour ses erreurs. À chacun de voir...

Mais nous pouvons également considérer que l'univers est bienveillant à notre égard. Car, s'il voulait détruire l'humanité, cela serait fait depuis longtemps.

La baisse du champ magnétique terrestre, et la résonance de Schumann

Le champ magnétique terrestre provient des mouvements du noyau externe liquide autour du noyau interne solide de la planète ; ce qui constituerait une sorte de gigantesque dynamo créant un potentiel électrique.

Les études montrent que le champ magnétique terrestre diminue en puissance d'environ 5 % par siècle. Or celui-ci assure la protection de la planète face aux rayonnements cosmiques et aux vents solaires constitués de particules ionisées (protons, électrons, noyaux d'hélium et autres). Notons que les géophysiciens ont constaté que les principaux changements climatiques du passé ont toujours correspondu à des modifications du champ magnétique terrestre.

L'espace compris entre la Terre et la couche la plus externe de l'ionosphère, située à environ 55 kilomètres d'altitude, possède des capacités de résonance avec le champ magnétique terrestre, qui furent découvertes par le physicien allemand W.O. Schumann dans les années 1952-1957. Pour cela, elle fut dénommée « résonance de Schumann ». Celle-ci est mesurable à l'aide d'appareils scientifiques. Elle serait de 7,8 Hz (hertz).

La résonance de Schumann est donc le reflet du champ magnétique de la Terre, et non de son niveau vibratoire – ou alors de manière très éloignée et non significative.

Certains auteurs affirment que la fréquence de Schumann s'élève depuis quelques décennies et que, lorsqu'elle atteindra 13 Hz, nous passerons dans la 5e dimension – voire que la Terre cessera ses rotations, pour les reprendre ensuite en sens inverse...

Les enregistrements officiels ne font pas état d'une élévation de fréquence dans la résonance de Schumann. Cependant, celle-ci connaît des turbulences régulièrement, dont il est toujours difficile de déterminer la cause : planétaire ? Cosmique ? Il semblerait que, lorsque l'humanité subit un choc émotionnel collectif – comme lors des événements du 11 septembre 2001 –, les pensées communes produiraient une variation brutale et éphémère dans la résonance de Schumann.

Le déplacement des pôles magnétiques

Selon les spécialistes russes de l'Académie des sciences, les pôles magnétiques de la Terre se déplacent actuellement vers l'équateur. Ainsi, entre 1994 et 2001, le pôle magnétique Nord – qui varie beaucoup plus que son collègue du pôle Sud – s'est déplacé de près de 300 kilomètres, soit une moyenne de 10 kilomètres par an jusqu'aux années 1970, puis cette vitesse est passée à environ 40 kilomètres par an. Ces dernières années, le pôle magnétique situé au Canada se dirige vers la Russie à la vitesse inégalée de 64 kilomètres par an. L'origine de ce phénomène viendrait de l'activité du noyau terrestre qui conditionne le champ magnétique.

Au premier abord, ce déplacement pourrait sembler anecdotique. Il faut cependant le prendre au sérieux : d'une part, parce qu'il montre que de profonds changements sont en train de se dérouler dans le champ magnétique terrestre ; et, d'autre part, parce qu'un tel déplacement accéléré perturbe les instruments de vol des avions, mais aussi les êtres humains en produisant chez eux des désorientations (entre autres).

L'inversion des pôles

Comme nous venons de le voir, le champ magnétique terrestre est en train de changer. Habituellement, notre planète se comporte comme un dipôle, avec une charge positive centrée sur un pôle et une charge négative sur l'autre ; chaque charge disposant d'un territoire fixe dont la frontière se situe au niveau de l'équateur. Depuis quelques décennies, ses limites fluctuent, avec des envahissements incessants d'un champ sur l'autre.

Pour les spécialistes, cette activité est le signe de la survenue prochaine d'une inversion des pôles. Cependant, bien qu'évidente, elle est impossible à dater. Elle peut tout aussi bien se produire demain que dans un siècle ou deux.

L'inversion des pôles est un phénomène régulier sur notre planète, comme les géologues l'ont démontré en observant l'orientation des particules ferromagnétiques présentes dans les laves volcaniques solidifiées du passé. Leur refroidissement a figé ces particules dans l'orientation du pôle Nord de l'époque. C'est ainsi que, pendant les derniers 90 millions d'années, une inversion des pôles s'est produite en moyenne tous les 10 000 à 780 000 ans environ. Or la dernière se serait produite il y a environ… 780 000 ans.

Ce processus serait dû à une inversion de la rotation du noyau de la Terre ; ce qui a une influence directe sur la position des pôles magnétiques et, bien sûr, sur le champ magnétique terrestre qu'il produit. Mais, avant de tourner en sens inverse, le noyau terrestre s'arrêtera quelque temps. Il est difficile de définir à l'avance la durée de cet arrêt. Cela peut se compter en semaines, en mois ou en années. Cette période sera la plus dangereuse pour nous, parce que la Terre se trouvera alors privée de son champ magnétique protecteur.

Les inversions polaires passées ont été suivies de périodes chaotiques – dont la durée est, une fois encore, variable – pendant lesquelles le champ magnétique terrestre est demeuré instable. Ainsi, il aurait été observé, durant ces balancements, l'apparition de plusieurs pôles à la surface du globe – jusqu'à huit en même temps !

Les inversions de pôles pourraient s'accompagner d'une inversion dans la rotation de la Terre. Les Égyptiens auraient représenté, par des hiéroglyphes, le dernier changement de rotation terrestre qui serait survenu il y a plus de 10 000 ans, pendant l'ère du Lion. Le phénomène aurait été symbolisé par deux lions dos à dos, qui portaient le Soleil sur leurs épaules. D'un côté, un hiéroglyphe du ciel était tourné vers le haut ; alors que, du côté opposé, un autre était orienté vers le bas.

La durée des jours

La Terre ne tourne pas rond ! Le 29 juin 2022 a été le jour le plus court jamais enregistré[1], indiquant que la Terre a tourné plus vite que d'habitude. Il s'agit d'un raccourcissement très minime de 1,59 milliseconde sur 24 heures. Un phénomène similaire s'est déroulé le 19 juillet 2020 (1,47 milliseconde) et le 26 juillet 2022 (1,50 milliseconde).

Mais, contrairement à ce que laissent entendre les chiffres précédents, la tendance est plutôt au ralentissement de la rotation de la Terre, comme cela a été observé depuis 2020[2].

Ces phénomènes demeurent inexpliqués. Des hypothèses sont, bien sûr, avancées – comme l'oscillation de la rotation de la Terre, la force des marées, la fonte des glaces polaires… Mais rien n'est confirmé. Quoi qu'il en soit, la rotation de la Terre semble subir des transformations notables depuis quelques années.

Hormis perturber notre mesure du temps, et ainsi nos GPS et autres technologies qui régissent notre vie moderne, nous ne savons pas

1. « Le 29 juin a été le jour le plus court jamais enregistré ! », 2 août 2022, www.laminute.info.
2. Matt King et Christopher Watson, « La durée du jour sur Terre s'allonge, et les scientifiques ne s'expliquent pas pourquoi », 26 août 2022, www.futura-sciences.com.

ce que cela peut indiquer, et encore moins quelles pourraient en être les conséquences si le phénomène venait à s'intensifier.

L'activité solaire

Le Soleil présente un cycle d'activité de neuf à douze ans, selon les sources. Son activité résulte de la circulation d'un courant magnétique – une sorte de « tapis roulant » existant à sa surface – qui emporte les taches solaires et les champs magnétiques générés, une fois que leur activité s'est tarie. Ceux-ci sont entraînés vers les pôles de l'astre jusqu'à une profondeur de 200 000 kilomètres où la dynamo naturelle du Soleil les réanime. Une fois réactivées, elles retrouvent leur flottabilité et remontent à la surface du Soleil. C'est ainsi que de nouvelles taches apparaissent. Les astrophysiciens considèrent qu'il faut environ trente à cinquante ans, selon la vitesse du tapis roulant, pour qu'une rotation complète soit réalisée.

Les taches solaires (noires) présentes à sa surface correspondent à des éruptions. Leur nombre est en corrélation avec l'importance de l'activité solaire. C'est particulièrement important, parce que cette activité influence directement les événements terrestres. Ainsi, les tempêtes que nous subissons sur la Terre sont généralement liées à des agitations solaires.

Une forte éruption solaire, si elle était dirigée directement vers notre planète, pourrait y détruire toute vie en quelques minutes. Fort heureusement, les probabilités montrent que ce risque – bien que toujours possible – est très faible.

À côté de cette situation extrême, des tempêtes magnétiques ou des éjections des matières coronales produites par les éruptions solaires, si elles étaient dirigées vers la Terre, l'atteindraient en quelques heures ou quelques jours. Elles affecteraient le champ magnétique terrestre et mettraient hors circuit les réseaux électriques et les systèmes de communication téléphonique, GPS, 3G, 4G et probablement 5G, comme cela s'est produit aux États-Unis en 1965 ou au Québec en 1989. Si une éruption de plus forte amplitude – comme celle de l'événement de Carrington en 1859 – venait à se produire, c'est tout le réseau de communication (radio, GPS, etc.) et d'électricité mondial qui en serait affecté, avec des pannes d'électricité qui pourraient durer plusieurs années[3]. Cela renverrait la civilisation actuelle au XVIIIe siècle ! Ce phénomène est malheureusement plus fréquent que nous le pensons. Par exemple, la NASA estime que notre planète a échappé à une gigantesque éruption solaire en 2012[4] ; et, en 2013, le Soleil a émis, coup sur coup, quatre colossales éruptions, fort heureusement non dirigées vers la Terre.

Une activité solaire augmentée accentuerait le réchauffement planétaire ; ce qui aurait comme conséquence une augmentation des événements extrêmes (canicules, inondations, etc.), des modifications profondes de l'environnement (qualité de l'air, augmentation des ultraviolets, etc.) et un impact sanitaire, selon l'INVS[5], comme l'émergence de nouvelles maladies infectieuses, etc.[6]

---

3. Richard A. Lovett, « Et si la plus grande tempête solaire jamais enregistrée était à venir ? », 28 juillet 2021, www.nationalgeographic.fr.
4. Erwan Lecomte, « Tempêtes solaires : pourquoi elles peuvent être catastrophiques pour la Terre », 25 juillet 2014, www.sciencesetavenir.fr.
5. Institut de veille sanitaire.
6. *Le Quotidien du médecin*, 12 avril 2010.

Les catastrophes naturelles

De nombreuses catastrophes naturelles se produisent actuellement partout dans le monde : éruptions volcaniques, tsunamis, incendies (mégafeux), tempêtes, inondations, ouragans (tornades, cyclones, typhons), orages de grêle, pluies diluviennes... Leur intensité et leur fréquence ne cessent de croître d'année en année, induisant de nombreux décès et des dégradations importantes de l'environnement. Les scientifiques se préparent à la possibilité d'un ouragan de catégorie 6[7], alors que la classification actuelle ne monte que jusqu'à 5 ! L'Australie a été obligée de créer de nouvelles couleurs pour indiquer, sur les cartes météorologiques, les fortes températures qui se manifestent dans son pays depuis plusieurs années

Les tremblements de terre retentissent sur les autres plaques tectoniques, induisant des processus en chaîne aux conséquences imprévisibles. C'est d'autant plus préoccupant qu'une autre source de séismes pourrait provenir du réchauffement planétaire. Car la fonte glaciaire au niveau des pôles provoque des changements importants dans le poids et la pression qui s'exercent au niveau des plaques tectoniques sous-jacentes. Elles se trouvent ainsi allégées ; ce qui pourrait favoriser des mouvements au sein de l'ensemble des plaques tectoniques de la Terre. Des séismes, des tsunamis et des éruptions volcaniques importantes pourraient, là encore, se développer.

Par conséquent, il faut s'attendre à de nombreux mouvements tectoniques dans un proche avenir. Ainsi, selon l'Unesco, il est quasiment certain qu'un tsunami se produira en Méditerranée d'ici

---

7. Karine Durand, « Les scientifiques se préparent à la possibilité d'un ouragan de catégorie 6 », 11 juin 2022, www.futura-sciences.com.

trente ans[8], sans parler de la faille de San Andreas dans l'Ouest américain, qui est des plus instables.

Par ailleurs, selon certaines sources, des techniques militaires pourraient interférer sur le climat et sur les plaques tectoniques... Qu'en est-il réellement ? Quel rôle pourraient-elles jouer dans les changements que nous connaissons ? Affaire à suivre.

Les météores

Tous les jours, deux à trois mille météorites provenant des fins fonds de l'espace tombent sur la Terre. Fort heureusement, il ne s'agit que de poussières ou de petits cailloux. Cependant, toutes additionnées, elles donnent un poids total estimé à 10000 kg de matières interplanétaires qui arrivent quotidiennement sur notre planète. Ces minuscules artefacts ne représentent aucun danger pour la planète et pour ses habitants. Cependant, la taille de ces météorites pourrait être beaucoup plus importante, allant jusqu'à plusieurs dizaines de kilomètres de diamètre, voire quelques centaines pour les plus grosses.

Par le passé, certaines des plus importantes ont laissé des traces de leur chute. Celles-ci sont encore visibles aujourd'hui sur le sol terrestre. L'étendue des dégâts dépend, bien sûr, de la taille de la météorite. Le cratère plus important retrouvé est celui de Chicxulub au Yucatan (Mexique) qui présente un diamètre d'environ 200 kilomètres. La météorite, quant à elle, aurait mesuré environ 10 kilomètres de diamètre. Sa chute a soulevé des tonnes

8. Karine Durand, « Il est quasiment certain qu'un tsunami se produira en Méditerranée d'ici trente ans, selon l'Unesco », 28 juin 2022, www.futura-sciences.com.

de poussières qui ont obscurci l'atmosphère terrestre, entraînant un refroidissement massif de celle-ci et l'extinction des dinosaures.

Le plus inquiétant est que, si une grosse météorite se dirigeait vers la Terre, elle ne serait visible par les astronomes que lorsqu'elle atteindrait l'orbite de Jupiter ou de Saturne. À ce moment-là, le délai avant son écrasement sur notre planète ne serait plus que de quelques heures à quelques jours, selon sa vitesse... Ce qui ne laisse guère de temps pour la détruire ou la dévier.

Sans regarder du côté des confins de l'univers, les astronomes ont déjà dénombré plus de neuf cents objets d'un diamètre compris entre 1 et 1 000 kilomètres, potentiellement dangereux pour notre planète, gravitant à l'intérieur du Système solaire, notamment dans la ceinture d'astéroïdes entre Mars et Jupiter, et du nuage d'Oort situé bien au-delà des orbites des planètes de notre Système solaire. Parmi eux, environ soixante-dix sont susceptibles d'entrer en collision directe avec la Terre au cours des cent prochaines années.

Devant la possibilité de la survenue de météores menaçant la Terre, la Russie a créé, en 2010, un système aérospatial de prévention des catastrophes globales qui contrôle l'arrivée des astéroïdes dans le Système solaire. Valeri Menchikov, directeur scientifique de l'Institut russe des systèmes spatiaux, dans une interview mise en ligne sur le site de l'Agence fédérale spatiale russe (Roskosmos), a précisé : « Toutes les catastrophes globales ont été provoquées par la chute d'astéroïdes, des éruptions de volcans ou des séismes : la disparition des dinosaures, de l'Atlantide et le Déluge. [...] Je considère qu'il est stupide d'ignorer ce danger[9]. »

---

9. RIA Novosti, 4 février 2010.

La question intéresse de plus en plus la communauté internationale. Ainsi, aux Nations unies, un groupe de scientifiques réfléchit sur la défense planétaire à adopter si un astéroïde menaçait la Terre[10].

Pour expérimenter le détournement d'un astéroïde de sa trajectoire, la NASA a envoyé en septembre 2022, le vaisseau DART le percuter. Cette expérience a été couronnée de succès.

Cette menace potentielle est donc prise très au sérieux et n'est pas reléguée au rang de science-fiction.

Un autre danger pouvant provenir des météorites est la présence possible de métaux toxiques qu'elles contiendraient et qu'elles libéreraient lors de l'impact avec la Terre, détruisant alors une grande partie des espèces existantes. Ce serait d'ailleurs un phénomène de ce type qui a pu détruire les dinosaures, il y a 65 millions d'années[11].

Quoi qu'il en soit, la comète Bernardinelli-Bernstein (C/2014 UN_{271}) – la plus grosse jamais vue, avec son diamètre de 137 kilomètres – traverse actuellement le Système solaire[12]. Elle sera au plus près du Soleil (périhélie) en 2031. Elle ne semble pas menacer notre planète – ce qui reste à confirmer, surtout lors de son passage de retour. Quoi qu'il en soit, elle produira probablement une belle traînée lumineuse dans le ciel.

Ainsi, les météores constituent des dangers potentiels pour toute la planète. Une seule chose est sûre : c'est que la chute d'un astéroïde

---

10. « Face à la menace potentielle d'un astéroïde, la défense planétaire s'organise », *Sciences et Avenir* et AFP, 27 août 2022, www.sciencesetavenir.fr.
11. Sciencesetavenir.fr, 2 mars 2010.
12. « La comète Bernardinelli-Bernstein est la plus grosse comète jamais vue », 12 février 2022, www.laminute.info.

d'un kilomètre de diamètre sur la Terre déclencherait un *doomsday*, c'est-à-dire l'extinction totale de l'espèce humaine.

Les trous dans la couche d'ozone

Dans les années 1980-1990, des scientifiques ont remarqué une inquiétante diminution de l'épaisseur de la couche d'ozone dans la stratosphère terrestre, ainsi que de l'existence de trous dans celle-ci. Or cette enveloppe est importante, parce qu'elle protège la planète des rayonnements cosmiques et des ultraviolets provenant du Soleil.

Les trous dans la couche d'ozone étaient centrés essentiellement sur les pôles. Mais il s'en est produit aussi temporairement ailleurs, notamment au-dessus de l'Europe. En 2005, il avait été calculé[13] que, rien que pour la zone antarctique, le trou de la couche d'ozone s'étendait sur plus de 10 millions de kilomètres carrés (l'équivalent de la surface du Canada).

Les principaux responsables de la réduction de la couche d'ozone sont les HCFC (hydrochlorofluorocarbures) et les CFC (chlorofluorocarbures), issus de différents secteurs industriels (gaz aérosols, solvants, liquides de refroidissement notamment des réfrigérateurs, etc.).

L'accord de Montréal en 1987, signé par 190 pays visant à limiter la production d'HCFC, a semble-t-il porté ses fruits. Depuis, la couche d'ozone semble être en voie de guérison. En effet, l'étendue des trous ne semble plus progresser ; ce qui constitue déjà un premier pas. Cependant, ils demeurent toujours aussi importants, tout

13. Nouvelobs.com, 31 août 2005.

comme l'épaisseur moyenne de la couche d'ozone qui se maintient toujours à son niveau le plus bas. L'amélioration est cependant notable, et les quelques variations observées ces dernières années semblent être liées aux changements de saisons et aux conditions météorologiques du moment.

Cependant, en 2022, Qing-Bin Lu, chercheur à l'université de Waterloo (Canada), a annoncé avoir repéré un nouveau trou dans la couche d'ozone au-dessus des régions tropicales[14], ce qui montre que l'humanité n'est pas encore tirée d'affaire. D'autant que les fusées liées notamment au développement du tourisme spatial pourraient engendrer de nouveaux trous à cause des combustibles utilisés et de la chaleur produite par les réacteurs lors de leurs voyages de retour sur la Terre.

Il faut savoir que l'amoindrissement de la couche d'ozone peut avoir des conséquences graves sur la planète et sur ses habitants (humains, animaux et végétaux). Car les ultraviolets du Soleil n'étant plus correctement arrêtés, ils peuvent aggraver le réchauffement planétaire, la fonte des glaces, l'élévation du niveau des mers, la réduction des rendements agricoles ; mais également avoir des répercussions importantes sur la santé des êtres humains en produisant des mutations chromosomiques, des cancers de la peau, des cataractes, un vieillissement cutané accéléré, des conjonctivites, des maladies du système immunitaire...

14. Nathalie Mayer, « Un scientifique pense qu'un trou immense dans la couche d'ozone s'est formé au-dessus des tropiques », 7 juillet 2022, www.futura-sciences.com.

LES PROPHÉTIES

L'annonce du président Reagan

En 1983, Ronald Reagan, alors président des États-Unis, expliqua qu'après avoir lu l'Ancien Testament et les prophéties annonciatrices de l'Armageddon[1], il lui était difficile d'écarter la possibilité d'une apocalypse au cours de la présente génération. Il ajouta qu'à n'en pas douter les prophètes avaient précisément décrit la situation que connaît actuellement le monde moderne[2].

Le cycle de la précession des équinoxes

Le cycle de la précession des équinoxes correspond aux changements de la direction de l'axe de rotation de la Terre lors de son circuit autour du Soleil, qui s'effectue en 25 920 ans…

Le cycle de précession des équinoxes est divisé en deux parties :

- La première correspond à une phase d'ascension de 12 960 ans, qui porte à une évolution spirituelle de l'humanité (un âge d'or).
- La seconde correspond à une descente de 12 960 ans qui plonge l'humanité dans le sommeil, et favorise le développement des parties obscures des êtres humains.

---

1. Terme biblique qui est le nom du lieu symbolique où se déroulera l'ultime combat entre le bien et le mal.

2. Michael Baigent, Richard Leigh, Henry Lincoln, *Le Message*, Pygmalion, 1987.

Nous serions, actuellement, à la fin de ce cycle – c'est-à-dire à la fin de l'âge sombre –, avant d'en commencer un nouveau qui nous porterait vers un âge de lumière. Des événements majeurs se sont produits lors du cycle qui se termine. La chute de l'Atlantide aurait eu lieu, il y a environ 12 500 ans, soit au milieu du cycle des 25 920 ans – c'est-à-dire lors du changement de périodes. Le déluge, quant à lui, serait survenu il y a 6 250 ans, soit aux trois quarts du cycle. Pour les anciens Grecs, le futur (notre présent) correspondait à un âge de ténèbres. En effet, notre technologie nous a fait perdre notre bien le plus précieux – notre humanité –, pour développer notre puissance et notre hégémonie. Il est temps de retrouver cette humanité.

Ce cycle est également divisé en douze périodes de 2 070 ans – correspondant aux douze signes du zodiaque –, intercalées de périodes de transition de quatre-vingt-dix ans. Nous sommes aujourd'hui au passage de l'ère des Poissons à l'ère du Verseau, que beaucoup présentent comme un âge merveilleux pour l'humanité. La date de cette transition varie selon les sources. Certains affirment que nous y serions déjà, alors que d'autres parlent de 2100, voire de 2160.

Quoi qu'il en soit, nous serions, en ce moment, dans les derniers temps de la période sombre du cycle... ou déjà dans les débuts de l'âge de l'ascension. Le nouveau cycle qui commence, ou qui va commencer, sortira progressivement l'humanité de son endormissement. Celle-ci émergera ainsi de la période sombre qui l'a conduite à développer des guerres et une technologie qui lui ont fait perdre son âme, pour atteindre un âge d'or où la conscience humaine atteindra des sommets.

La prophétie des papes de saint Malachie

Saint Malachie (1094-1148) était un évêque irlandais. La « prophétie des papes », qui lui est attribuée, comprend cent onze devises, constituées de deux ou trois mots en latin qui définiraient, par ordre chronologique, les cent onze papes qui, selon lui, régneront après Célestin II (1143-1144) sur la papauté jusqu'à la fin du monde.

Si certaines devises demeurent hermétiques, d'autres sont assez évidentes et permettent de les corréler à certains papes. Comme « *Rosa umbriae* » (la rose de l'Ombrie) pour Clément VII (1758-1769) qui exerça en Ombrie, et dont l'emblème était une rose ; ou aussi « *Aquila rapax* » (l'aigle ravisseur) pour Pie VII qui fut emprisonné par Napoléon 1er ; ou encore « *Lumen in caelo* » (la lumière dans le ciel) pour Léon XIII qui appartenait à la famille des Pecci, dont les armes représentent une comète dans un ciel d'azur ; mais aussi « *Religio depopulata* » (la religion dévastée) pour Benoît XV qui fut pape de 1914 à 1922, c'est-à-dire pendant la Première Guerre mondiale et l'épidémie de grippe espagnole.

Le pape Benoît XVI correspondait à la 111e devise – « *Gloria oliviae* » (de la gloire de l'olivier) – à laquelle il est bien difficile de donner un sens. Est-ce parce que l'olivier est le symbole de l'ordre de saint Benoît, ou encore un emblème de paix ? Difficile à dire. Certains ont rapproché cette devise d'un texte de l'Apocalypse de saint Jean, qui évoque la « prédication des deux témoins » avec l'apparition du sixième ange. Or ces deux témoins sont désignés sous le nom curieux d'« oliviers ». Il est aussi intéressant de savoir que, dans ce texte, le septième ange de l'apocalypse annonce la fin du monde et le Jugement dernier.

Quoi qu'il en soit, selon Malachie, Benoît XVI porterait la dernière devise. Il serait donc le dernier pape avant la « fin du monde ». Il a démissionné et a été remplacé par le pape François. Donc, cela ne semble pas concorder. Cependant, désigné par Dieu (selon la religion chrétienne), il est difficile de comprendre pourquoi il a démissionné. De plus, étant toujours vivant (au moment où j'écris ces lignes), il serait donc « techniquement » toujours pape !

Cependant, dans cette prophétie, une phrase sème le doute, parce qu'elle s'achève en évoquant le nom d'un autre pape ou de son équivalent (le 112e ?) : un certain « Pierre le Romain » (« *Petrus Romani* »). Notez que la démission de Benoît XVI a eu lieu un 28 janvier, le jour de la… Saint-Romain. Hormis cette « coïncidence », quel pourrait être le rapport avec le pape François ? Certains chercheurs ont trouvé que Jorge Mario Bergoglio (son vrai nom) aurait Pierre (Pedro) comme deuxième prénom et serait né à Romano (ou Los Romano), et non Buenos Aires comme indiqué dans sa présentation officielle. Cela donnerait donc Pedro Romano, ce qui serait l'équivalent de *Pedrus Romani*.

Le règne du pape François dans l'ombre de celui de Benoît XVI serait ainsi le tout dernier avant l'apocalypse, selon saint Malachie. Voici ce que prédisent les textes : « *In persecutione extrema sacrae romanae ecclesiae sedebit Petrus romanus, qui pascet oves in multis tribulationibus ; quibus transactis, civitas septi-collis diruetor ; et judex tremendus judicabit populum suum.* » Ce qui signifie : « Dans la dernière persécution de la Sainte Église romaine, le siège sera occupé par un Romain nommé Pierre, qui fera paître les ouailles au milieu de grandes tribulations ; après quoi, la ville aux sept collines – Rome – sera détruite, et un juge terrible jugera son peuple. »

Ainsi, si la fin de Benoît XVI ou du pape François signe la fin des temps (l'apocalypse), nous pouvons dire – compte tenu de leurs âges respectifs – que celle-ci est proche !

Les prophéties d'Edgar Cayce

Pendant ses périodes de transe, le célèbre guérisseur américain Edgar Cayce (1877-1945) avait de nombreuses visions qui lui permettaient de soigner des malades atteints de pathologies difficiles, voire jugées incurables. Ces guérisons remarquables constituent une preuve indéniable de la valeur des paroles de cet homme hors du commun.

Durant ses états modifiés de conscience, Edgar Cayce aborda divers sujets, comme l'origine de l'humanité, l'astrologie, la vie de Jésus, l'Atlantide, les expériences extrasensorielles... C'est pourquoi il fut dénommé, par ses contemporains, « le Prophète dormant ».

Il lui arrivait de donner des prédictions sur le futur de la Terre et de l'humanité. Il parlait fréquemment de grands bouleversements, ainsi que de la fin du monde : « La Terre sera bouleversée », « La Terre se rompra », disait-il. Il expliquait qu'il y aurait de grandes transformations au niveau des côtes, notamment en Amérique et en Europe du Nord ; que le Japon serait en partie submergé ; qu'il y aurait de grands tremblements de terre et de nombreuses éruptions volcaniques ; que de nouvelles terres apparaîtraient et que d'autres disparaîtraient ; mais aussi que les climats seraient transformés dans de nombreuses régions du globe... Il évoquait un « renversement de l'axe des pôles » ; ce qui semble corroborer l'inversion prévisible des pôles dont nous avons parlé. Il faut savoir que la plupart de ces événements – banals, à notre époque – étaient totalement inconnus lors des prédictions d'Edgar Cayce ; ce qui leur donne un poids indéniable.

Voici un texte concernant le futur : « La terre se rompra dans l'Ouest de l'Amérique. La plus grande partie du Japon doit s'effondrer dans la mer. La partie supérieure de l'Europe se trouvera changée en un clin d'œil. De la terre ferme apparaîtra au large des côtes est de l'Amérique. Il y aura des soulèvements dans l'Arctique et l'Antarctique, ce qui entraînera des éruptions volcaniques dans des régions torrides ; et alors arrivera le renversement de l'axe des pôles, qui aura pour conséquence que les pays à climat froid et semi-tropical deviendront tropicaux, avec des mousses et des fougères. Cela commencera dans les années 58 à 98, lorsque viendront ces temps où Sa lumière pourra à nouveau être vue sur les nuages. Quant au temps exact, à la saison, aux lieux, cela ne sera donné qu'à ceux qui invoqueront son Nom et porteront, dans leurs corps, la marque de ceux qui ont été appelés et choisis par Lui[3]. »

Il est, bien sûr, évident qu'Edgar Cayce s'est trompé quant aux datations 1958-1998..., à moins qu'il ne s'agisse des années 2058-2098 ? Cependant, si nous faisons abstraction des dates, ces prédictions semblent très proches de ce que nous vivons aujourd'hui : séismes, tremblements de terre, éruptions volcaniques, réchauffement climatique... Dans une autre prédiction, Edgar Cayce ajoute : « Le glissement de l'axe des pôles » indiquera « le commencement d'un nouveau cycle[4] ». Or, aujourd'hui, le déplacement du pôle Nord n'a jamais été aussi rapide, et l'inversion des pôles semble imminente, alors même que nous arrivons dans l'ère du Verseau... Coïncidence ?

De nombreuses indications données par Edgar Cayce sur d'autres sujets au cours de ses transes se sont révélées exactes. Alors, comment peut-on expliquer cette erreur grossière de date quant à ses prédictions concernant le futur ? L'explication la plus probable est que l'Histoire n'est pas écrite une fois pour toutes. Des événements et des décisions prises par les êtres humains peuvent interférer sur le

3. Lecture 3976-15.
4. Lecture 826-8, 11 août 1936.

futur et le changer, ou du moins le modifier, comme en retarder la survenue ou diminuer l'ampleur d'un cataclysme, etc. C'est aussi ce qu'affirment les Indiens Hopis, mais aussi Edgar Cayce lui-même. Car il disait que le futur dépendait des individus, mais aussi des communautés humaines, de leur manière de vivre et de penser. Ces dernières peuvent, en effet, créer une «ambiance», c'est-à-dire un état d'esprit, apte à préserver une ville ou une région, ou au moins à en minimiser les catastrophes...

Edgar Cayce disait par exemple: «Toute l'activité volcanique et sismique est aujourd'hui sous la dépendance des individus ou des groupes humains concernés dans ces régions. Cela dépend de leurs besoins, de leurs motivations, etc. Que certains soient inévitables et destinés à arriver, c'est écrit. Mais donner une date, un temps précis, aujourd'hui, cela, nous ne le pouvons pas[5].»

Ainsi, selon lui, l'attitude et la pensée des individus sont capables de minimiser ou de retarder la survenue des événements cataclysmiques sur le plan local ou général. Et donc, bien qu'il soit évident que de grands changements vont se produire prochainement sur la Terre, l'attitude de l'humanité en général, mais aussi celle des individus en particulier, peut interférer sur ces événements en les rendant moins importants, ou en les retardant. C'est sans doute là que se trouve l'explication des erreurs dans les dates indiquées par Edgar Cayce. Auraient-elles simplement été retardées? Si c'est le cas, pour combien de temps?

Edgar Cayce lui-même donna, lors d'une de ses transes, une explication concernant l'aspect aléatoire des dates: «Soyez certains que cela dépendra beaucoup de la philosophie des gens, de ce qu'ils entendent par la "Vérité". [...] Car, comme vous devriez le

5. Lecture 270-32.

comprendre, les activités des individus, selon leur ligne de pensée et leurs objectifs, créent une ambiance qui, si elle est positive, peut préserver une ville ou un pays. Cette ville et ce pays ne sont alors pas touchés par les catastrophes géologiques ; et cela, grâce à l'application concrète des lois spirituelles et universelles par les individus[6]. » Lors d'une autre transe, il confirma ce point de vue : « En ce qui concerne les changements futurs et leur accomplissement dans le Temps et l'Espace, cela dépendra des individus et des groupes humains. [...] Les changements géobiologiques n'apporteront de bouleversement dans les affaires des hommes que dans la mesure où ces changements auront été provoqués par l'activité humaine, selon que l'on aura appliqué ou non les lois divines à cette génération[7]. » Il expliqua aussi à une personne qui craignait la survenue d'événements graves à New York : « Comme nous l'avons déjà indiqué, cela dépendra des hommes eux-mêmes et de leurs activités. En ce qui vous concerne, ce qui vous arrivera dépendra de l'attitude que vous adopterez. Si vous vous installez dans la ville de New York avec une mentalité défaitiste, alors attendez-vous au pire ! Mais si vous vous installez dans une perspective optimiste et que vous agissez de même, alors ne vous faites pas de souci[8] ! »

Edgar Cayce précisait ainsi que le destin de chacun dépendait non pas des gouvernements, des militaires ou autres, mais de la personne elle-même, de son comportement et de son état d'esprit. C'est pourquoi il est important de se préparer individuellement aux événements, sans attendre de solutions venant de l'extérieur.

---

6. Lecture 311-10.
7. Lecture 1602-6.
8. Lecture 1602-2.

Les prophéties des Indiens Hopis

Les prophéties des Indiens Hopis d'Arizona auraient été faites il y a plusieurs siècles. Elles ont été dévoilées en 1968, au Concile indigène continental de Fairbanks en Alaska. Elles évoquent que la Terre a déjà connu plusieurs cycles : le cycle du minéral, le cycle des végétaux, le cycle des animaux dans lequel nous sommes (qui sera détruit par les flammes), et enfin le cycle des êtres humains qui va débuter prochainement.

Ces prophéties ont prédit des événements qui sont effectivement survenus ; ce qui leur donne une forte crédibilité. Par exemple :

« Un cheval de fer viendra au pays de l'homme rouge. » Évidemment, il s'agit du chemin de fer.

« Des toiles d'araignées sillonneront le ciel. » Les traînées laissées par les avions, ou peut-être le réseau de satellites qui survolent actuellement la Terre.

« L'homme blanc créera une gangue de cendres qui empoisonnera la terre et la rendra stérile pour des générations. » Probablement la pollution, qui détruit les mondes végétal et animal. Ou bien est-ce la prédiction d'une guerre nucléaire ?

« L'homme blanc volera des roches de la Lune. Cet événement indiquera que nous serons dans les derniers jours avant la purification. » Allusion aux prélèvements effectués par les missions Apollo, ou aux exploitations minières prévues sur la Lune dans l'avenir ?

« L'homme blanc construira une maison permanente dans le ciel. C'est l'avertissement final avant la purification. » Voilà la Station spatiale internationale (ISS) ; ce qui annoncerait donc que le temps de la purification est arrivé.

Mais la prophétie qui a fait couler le plus d'encre est celle-ci : « Un jour, certaines étoiles viendront ensemble en une seule rangée, comme cela s'est déjà produit il y a des milliers d'années. Ce sera le temps de purification pour la Terre. Des changements de climat et de nombreuses catastrophes peuvent se produire quand nous parviendrons à ce stade. Ce qu'il peut se produire alors, personne ne peut le savoir réellement. » Comment pouvons-nous interpréter cette prophétie alors qu'il y a régulièrement des alignements de planètes et d'étoiles, comme au mois de mai 2000 où le Soleil, la Terre et la Lune se sont alignés avec Mercure, Vénus, Mars, Saturne et Jupiter ? Est-ce la période évoquée dans ce texte ? Cela se pourrait, d'autant plus que, par la suite, sont apparus des changements climatiques et de nombreuses catastrophes sur la Terre. Cela indiquerait-il que le temps de la purification de la Terre a commencé ?

Les prophéties des Hopis annoncent que notre monde (le 4e) sera anéanti par les flammes. Mais les Indiens apportent également une précision importante : le sort de notre monde va dépendre entièrement de la conduite de ses habitants, selon qu'elle sera en conformité, ou non, avec les attentes du Créateur… « Dites aux hommes qu'ils ne craignent aucun cataclysme. Il n'arrivera en eux et hors d'eux que celui qu'ils voudront bien tolérer. Sachez aussi qu'il existe deux types de bouleversements dans l'univers manifesté. Les premiers sont dus aux mutations naturelles du cosmos et ponctuent les degrés de son ascension ; les seconds sont les fruits des âmes malades, les enfants des formes pensées anarchiques. Les uns et les autres sont évitables tout au long d'une vague de vie ou d'une création. […] Le cataclysme n'est pas inévitable. Il est probable, mais peut être évité[9]. »

---

9. Anne et Daniel Meurois-Givaudan, *Le Voyage de Shambhalla*, Le Passe-Monde, 2016.

Ainsi, les Indiens Hopis indiquent que l'univers poursuit inéluctablement les degrés de son ascension. Mais que ce mouvement général peut être freiné ou atténué localement (à l'échelon planétaire), selon les actes et les pensées des hommes. **Cette prédiction est fondamentale, si nous voulons comprendre la période que nous traversons.**

Les prophéties de saint Jean de Jérusalem

Saint Jean de Jérusalem (1042-1119) – ou « Jean de Vézelay » – fut l'un des fondateurs de l'ordre des Templiers. Il aurait écrit, en 1099, des prophéties à la suite de visions qu'il aurait eues sur la fin du monde. Il a situé ces événements au début du IIIe millénaire.

Ses prophéties sont séparées en deux parties distinctes. D'abord, celles correspondant à la période « Lorsque commencera l'an mille qui vient après l'an mille », qui préfigurent les événements d'avant l'apocalypse et qui relatent, avec une extrême précision, notre société actuelle. Ensuite, celles – « Lorsque ce sera le plein de l'an mille qui vient après l'an mille » – qui relatent ce qui se passera après l'apocalypse.

Chaque prophétie est remarquable. D'excellents livres et sites Internet[10] traitent le sujet. Aussi, je ne vais citer que quatre prophéties qui semblent particulièrement intéressantes, afin de vous en donner une idée générale.

10. http://www.syti.net/Prophetie.html.

Prophétie 11

Lorsque commencera l'An Mille qui vient après l'An Mille,
L'homme fera marchandise de tout.
Chaque chose aura son prix.
L'arbre, l'eau et l'animal.
Plus rien ne sera vraiment donné, et tout sera vendu.
Mais l'homme alors ne sera plus que poids de chair.
On troquera son corps comme un quartier de viande.
On prendra son œil et son cœur.
Rien ne sera sacré, ni sa vie ni son âme.
On se disputera sa dépouille et son sang comme une charogne à dépecer.

Prophétie 18

Lorsque commencera l'An Mille qui vient après l'An Mille,
Les hommes ne s'en remettront plus à la loi de Dieu.
Mais voudront guider leur vie comme une monture.
Ils voudront choisir leurs enfants dans le ventre de leurs femmes
Et tueront ceux qu'ils n'aimeront pas.
Mais que sera l'homme qui se prendra ainsi pour Dieu ?
Les puissants se saisiront des meilleures terres et des plus belles femmes.
Les pauvres et les faibles seront du bétail.
Chaque masure deviendra donjon.
La peur sera en chaque cœur comme un poison.

Prophétie 23

Lorsque commencera l'An Mille qui vient après l'An Mille,
Le Soleil brûlera la Terre.
L'air ne sera plus le voile qui protège du feu.
Il ne sera qu'un rideau troué.
Et la lumière brûlante rongera les peaux et les yeux.
La mer s'élèvera comme une eau qui bout.
Les villes et les rivages seront ensevelis.
Et des continents entiers disparaîtront.
Les hommes se réfugieront sur les hauteurs
Et ils reconstruiront, oubliant déjà ce qui est survenu.

Prophétie 27

Lorsque commencera l'An Mille qui vient après l'An Mille,
L'homme se croira Dieu alors qu'il ne sera rien de plus qu'à sa naissance.
Il frappera toujours vaincu par la colère et la jalousie.
Mais son bras sera armé de la puissance dont il se sera emparé.
Et Prométhée aveuglé, il pourra tout détruire autour de lui.
Il restera un nain de l'âme et il aura la force d'un géant.
Il avancera d'un pas immense, mais il ignorera quel chemin prendre.
Sa tête sera lourde de savoir.
Mais il ne saura pas pourquoi il vit et il meurt.
Il sera comme toujours le fou qui gesticule ou l'enfant qui geint.

À en croire ce texte, nous vivrions, aujourd'hui, les prémices de la fin du monde, ou du moins la période de sa genèse. En effet, les descriptions de saint Jean de Jérusalem correspondent parfaitement au monde actuel de «l'An Mille après l'An Mille» (soit l'an 2000 et après), où les maladies, les destructions, la désertification, les tremblements de terre, les incendies, les éruptions solaires, l'élévation du niveau de la mer, les guerres et la peur font partie de notre quotidien. Ce passage conduit à l'autre rivage, celui du «plein de l'An Mille qui vient après l'An Mille» que je vous laisse découvrir.

Prophétie 36

Lorsque ce sera le plein de l'An Mille qui vient après l'An Mille,

L'homme connaîtra une seconde naissance.

L'Esprit saisira la foule des hommes

Qui communieront dans la fraternité.

Alors s'annoncera la fin des temps barbares.

Ce sera le temps d'une nouvelle vigueur de la Foi.

Après les jours noirs du commencement de l'An Mille qui vient après l'An Mille

S'ouvriront des jours heureux.

L'homme retrouvera le chemin des hommes,

Et la Terre sera ordonnée.

Prophétie 37

Lorsque ce sera le plein de l'An Mille qui vient après l'An Mille,

Des voies iront d'un bout à l'autre de la Terre et du ciel à l'autre bout.

Les forêts seront à nouveau denses

Et les déserts auront été irrigués.

Les eaux seront redevenues pures.

La Terre sera comme un jardin.

L'homme veillera sur tout ce qui vit.

Il purifiera ce qu'il a souillé.

Il sentira toute la Terre comme sa demeure

Et il sera sage, pensant aux lendemains.

Prophétie 38

Lorsque ce sera le plein de l'An Mille qui vient après l'An Mille,

Chacun sera comme un pas réglé.

On saura tout du monde et de son corps.

On soignera la maladie avant qu'elle apparaisse.

Chacun sera guérisseur de soi et des autres.

On aura compris qu'il faut aider pour maintenir.

Et l'homme, après des temps de fermeture et d'avarice,

Ouvrira son cœur et sa bourse aux plus démunis.

Il se sentira chevalier de l'ordre humain,

Et ainsi ce sera un temps nouveau qui commencera.

Prophétie 39

Lorsque ce sera le plein de l'An Mille qui vient après l'An Mille,

L'homme aura appris à donner et à partager.

Les jours amers de solitude seront enfouis.

Il croira à nouveau à l'Esprit.

Et les barbares auront acquis droit de cité.

Mais cela viendra après les guerres et les incendies.

Cela surgira des décombres noircis des tours de Babel.

Et il aura fallu la poigne ferrée

Pour que s'ordonne le désordre

Et que l'homme retrouve le bon chemin.

Prophétie 40

Lorsque ce sera le plein de l'An Mille qui vient après l'An Mille,

L'homme saura que tous les vivants sont porteurs de lumière

Et qu'ils sont créatures à respecter.

Il aura construit les nouvelles cités

Dans le ciel, sur la terre et sur la mer.

Il aura la mémoire de ce qui fut

Et il saura lire ce qui sera.

Il n'aura plus peur de sa propre mort,

Car il aura, dans sa vie, vécu plusieurs vies.

Et la Lumière, il le saura, ne sera jamais éteinte

Ces dernières prédictions nous dévoilent ce que sera la société – et surtout l'humanité – de demain, si nous savons prendre le « bon » virage…

La dernière prophétie de Peter Deunov

Peter Deunov (1864-1944) est un maître bulgare également connu sous le nom de « Beinsa Douno », qui a donné, durant toute sa vie, un exemple de pureté, de sagesse et de créativité. Albert Einstein, qui était fasciné par ce personnage, aurait dit : « Le monde s'incline devant moi, mais moi, je m'incline devant le maître Peter Deunov. »

Concernant la situation présente et à venir du monde, Peter Deunov a tenu des propos d'une rare clairvoyance :

« Au cours des temps, la conscience de l'homme a traversé une très longue période d'obscurité. Cette phase, que les hindous appellent "Kali Yuga", est sur le point de s'achever. Nous nous trouvons aujourd'hui à la frontière entre deux époques : celle du Kali Yuga et celle de la Nouvelle Ère dans laquelle nous entrons. Une amélioration graduelle se produit déjà dans les pensées, les sentiments et les actes des humains, mais tous seront bientôt soumis au Feu divin, qui les purifiera et les préparera en vue de la Nouvelle Époque. Ainsi, l'homme s'élèvera à un degré supérieur de conscience, indispensable à son entrée dans la Nouvelle Vie. C'est cela que l'on entend par "l'Ascension".

Quelques décennies s'écouleront avant que ce Feu vienne, qui transformera le monde en y apportant une nouvelle morale. Cette immense vague arrive de l'espace cosmique et inondera toute la Terre. Tous ceux qui tenteront de s'y opposer seront emportés et transférés ailleurs.

Bien que les habitants de cette planète ne se trouvent pas tous au même degré d'évolution, la nouvelle vague sera ressentie par chacun. Et cette transformation touchera non seulement la Terre, mais aussi l'ensemble du cosmos.

La seule et meilleure chose que l'homme puisse faire maintenant, c'est de se tourner vers le Seigneur et, en s'améliorant consciemment, d'élever son niveau vibratoire, afin de se trouver en harmonie avec cette vague puissante qui bientôt le submergera.

Le Feu dont je parle, qui accompagne les nouvelles conditions offertes à notre planète, renouvellera, purifiera, reconstruira tout : la matière sera affinée, vos cœurs seront libérés de l'angoisse, des troubles, de l'incertitude, et ils deviendront lumineux ; tout sera amélioré, élevé ; les pensées, sentiments et actes négatifs seront consumés et détruits [...].

La Terre suit maintenant un mouvement ascendant, et chacun devra s'efforcer de s'harmoniser avec les courants de l'Ascension. Ceux qui refusent de se soumettre à cette orientation perdront l'avantage des bonnes conditions qui leur sont désormais offertes pour s'élever. Ils resteront en arrière de l'évolution et devront attendre, des dizaines de millions d'années, la venue d'une nouvelle vague ascendante.

Les terribles prédictions du prophète Daniel écrites dans la Bible se rapportent à l'époque qui s'ouvre. Il se produira des inondations, des ouragans, des incendies gigantesques et des tremblements de terre qui balayeront tout. Le sang coulera en abondance. Il y aura des révolutions ; des explosions terribles retentiront en de nombreuses régions de la Terre. Là où est la terre viendra l'eau, et là où est l'eau viendra la terre... Dieu est Amour ; et pourtant, il s'agit bien là d'un châtiment, d'une réponse de la Nature contre les crimes perpétrés par l'homme depuis la nuit des temps contre sa mère, la Terre.

Après ces souffrances, ceux qui seront sauvés – les élus – connaîtront l'Âge d'Or, l'harmonie et la beauté illimitées. Gardez donc votre paix et votre foi quand viendra le temps de la souffrance et de la terreur, car il est écrit que pas un cheveu ne tombera de la tête du juste. Ne vous découragez pas. Poursuivez simplement votre travail de perfectionnement personnel.

Vous n'avez aucune idée de l'avenir grandiose qui vous attend. Une Nouvelle Terre verra bientôt le jour. Dans quelques décennies, le travail sera bien moins astreignant, et chacun aura du temps à consacrer à des activités spirituelles, intellectuelles et artistiques. La question des rapports entre l'homme et la femme sera enfin résolue dans l'harmonie : l'un comme l'autre auront la possibilité de suivre leurs aspirations. Les relations des couples seront fondées sur l'estime et le respect réciproques. Les humains voyageront à travers les différents plans et franchiront les espaces intergalactiques. Ils étudieront leur fonctionnement et seront rapidement en mesure de connaître le Monde divin, de fusionner avec la Tête de l'univers.

La Lumière, le bien et la justice triompheront ; ce n'est qu'une question de temps. Les religions doivent être purifiées. Chacune renferme une particule de l'Enseignement des Maîtres de la Lumière, mais est obscurcie par l'apport incessant des déviations humaines. Tous les croyants auront à s'unir et à se mettre d'accord sur un principe, celui de placer l'Amour comme base de toute croyance, quelle qu'elle soit. Amour et Fraternité, c'est cela, la base commune !

La Terre sera bientôt balayée par les ondes extraordinairement rapides de l'Électricité cosmique. D'ici quelques décennies, les êtres mauvais et fourvoyés ne pourront supporter leur intensité. Ils seront alors absorbés par le Feu cosmique qui consumera le mal qui les possède. Puis ils se repentiront, car il est écrit que "chaque chair glorifiera le Seigneur".

Notre mère, la Terre, se débarrassera des hommes qui n'accepteront pas la Nouvelle Vie. Elle les rejettera comme des fruits avariés. Ils ne pourront bientôt plus se réincarner sur cette planète ; les esprits criminels non plus. Seuls resteront ceux qui posséderont l'Amour en eux [...].

C'est la fin d'une époque ; un nouvel ordre va se substituer à l'ancien, un ordre dans lequel régnera l'Amour sur la Terre[11]. »

Ces paroles résument l'ensemble des prophéties concernant la période que nous traversons et celle qui nous est promise par la suite. La date annoncée par Peter Deunov rejoint celle des astrologues indiens qui la situent à la fin du Kali Yuga ; ce qui correspondrait au début du XXIe siècle. De plus, Peter Deunov annonce qu'une immense « vague » provenant de l'espace cosmique balaiera la Terre en la purifiant. Cela semble correspondre à celle qui submerge la Terre depuis quelques décennies et qui est responsable de l'élévation du niveau vibratoire terrestre. Il poursuit en indiquant qu'elle ouvrira une ère nouvelle pour les humains, basée sur l'amour et la fraternité.

La planète X

L'étude astronomique des orbites des planètes géantes de notre Système solaire – Jupiter, Saturne, Neptune et Uranus – montre qu'elles présentent des anomalies ne pouvant être expliquées que par la présence d'une autre planète – la planète X – présente

11. Peter Deunov, *Propos sur l'avenir*, 1944. Adaptation : Olivier de Rouvroy, septembre 2003, https://www.pensactiv.com/article-peter-deunov-propos-sur-l-avenir-1944-109203575.html.

aux confins du Système solaire[12]. Cette conclusion incroyable est formulée alors que nous disposons aujourd'hui de moyens de recherche inusités. Elle démontre combien nous sommes encore ignorants de ce qui se déroule dans notre environnement proche.

Selon ces chercheurs, la planète X serait probablement une planète «intruse» que le Soleil aurait captée et qui se trouverait sur une orbite très elliptique. Elle aurait probablement trois à cinq fois la masse de la Terre.

Cependant, toutes les recherches effectuées à ce jour pour trouver cette planète X sont demeurées vaines. Alors, nous pouvons nous demander s'il est encore possible aujourd'hui qu'une planète de notre Système solaire puisse échapper aux nombreux télescopes humains tournés vers l'espace? Il semblerait que la réponse soit «oui». Car, par exemple, en juillet 2005, la NASA annonçait la découverte d'une nouvelle planète dans notre Système solaire. Situé aux confins du Système solaire, un petit astre (90377) reçut le nom de «Sedna» ou «Xéna» (déesse inuite des océans). Elle avait été repérée en mars 2004 par des astronomes américains. Constituée de roche et de glace, d'aspect rougeâtre, Sedna a un diamètre de 2 600 kilomètres et une période de révolution autour du Soleil de 557 ans. D'autres corps célestes furent aussi découverts dans les années 2004-2005 et classés comme «planètes naines», comme Makemake (136472), Orcus (90482) et Eris (136199). Ces exemples montrent que notre Système solaire garde encore bien des mystères et que tous les corps y gravitant n'ont pas encore été découverts.

La question de l'existence d'une planète X a été à nouveau soulevée en 2022 par les travaux de plusieurs chercheurs qui se sont appuyés

---

12. Nathalie Mayer, «Planète X: tout indique que le Système solaire aurait bien une planète de plus», 2 mai 2022, www.futura-sciences.com.

sur les orbites « particulières » de plusieurs objets de la ceinture de Kuiper et de la planète naine Sedna. Selon eux, il s'agirait d'une géante de glace comme Neptune, qui effectuerait son orbite autour du Soleil en dix à vingt mille ans. Elle serait, actuellement, dans la région la plus éloignée de son orbite très elliptique par rapport au Soleil[13] ; ce qui pourrait expliquer son invisibilité à nos télescopes.

La question reste donc posée : y aurait-il un autre corps céleste, inconnu et gravitant aux confins du Système solaire. Et, si c'est le cas, où se trouve-t-il ? Où se trouve cette fameuse planète X ?

Cette recherche a fait déjà l'objet de nombreuses publications, dont la plus célèbre est celle d'Immanuel Velikovsky. Dans son livre *Mondes en collision*[14], paru en 1952, ce psychiatre et écrivain russe développe la théorie selon laquelle, dans le passé, un corps céleste se serait approché de la Terre jusqu'à provoquer une forte tension sur son écorce, qui aurait entraîné de grandes catastrophes. Le déluge en aurait été une des conséquences... Ce corps céleste serait-il la planète X ? C'est une possibilité. Selon ce schéma, une fois sa rotation lointaine terminée, elle reviendrait vers le Soleil et la Terre suivant une grande révolution de plusieurs milliers d'années.

Une légende indienne semble corroborer ces dires. Pour les astrologues indiens, notre Terre passerait par des cycles de 14400 ans, qui se terminent généralement par de grands cataclysmes. Ceux-ci auraient détruit, par le passé, des civilisations entières comme l'Atlantide et la Lémurie. Ces cycles de 14400 ans seraient, eux-mêmes, divisés en quatre périodes appelées « shars », de 3600 ans chacune. Nous serions actuellement dans le dernier shar, appelé

---

13. Léa Fournasson, « Va-t-on bientôt découvrir la neuvième planète du Système solaire ? », 9 août 2022, www.futura-sciences.com.
14. Immanuel Velikovsky, *Mondes en collision*, Le Jardin des livres, 2003.

« Kali Yuga » ou « âge de fer ». Celui-ci est, à son tour, divisé en quatre périodes, dont la dernière, d'une durée de cent ans, a commencé vers le début du XXe siècle. Elle doit se terminer avec le retour d'une planète. Ensuite, un nouveau cycle de 14 400 ans démarrera.

Une autre légende, inspirée des anciens écrits sumériens, a donné un nom à cette planète : « Nibiru ». Les Babyloniens l'avaient appelée « Marduk », du nom de leur dieu principal ; ce qui montre en quelle estime ils la portaient. Cette planète, plus grosse que la Terre, décrirait une orbite elliptique sur un plan différent des autres planètes du Système solaire. Elle tournerait également dans un sens inverse. Elle effectuerait sa rotation complète en 3 600 ans ; ce qui la conduirait très loin du Soleil, avant de revenir en passant à peu de distance des planètes proximales du Soleil, comme Mercure, Vénus, la Terre et Mars... – y induisant de nombreux incidents lors de son passage.

Mais les légendes ne s'arrêtent pas là. Car cette planète Nibiru – qui vadrouillerait à travers le Système solaire – serait habitée par les Anunnakis, alias Elohim, alias Nephilim, alias Mardukiens ; c'est-à-dire par des êtres qui seraient les créateurs de l'humanité !

Une histoire sumérienne raconte qu'il y a 450 000 ans les habitants de Nibiru, les Anunnakis, à l'aspect reptilien, durent faire face à de gros problèmes atmosphériques sur leur planète, probablement en rapport avec les hivers très longs de leur planète (dus à l'éloignement du Soleil ?). La solution qu'ils trouvèrent fut de répandre de la poussière d'or dans leur atmosphère. Mais, n'ayant pas assez de réserve, ils vinrent sur Terre pour en récolter. C'est là qu'ils créèrent les humains, en mélangeant certains de leurs gènes avec ceux d'animaux terrestres, afin que ces hybrides (les hommes) travaillent pour eux dans les mines pour y récolter l'or qu'ils convoitaient. Le récit de la Genèse dans la Bible serait une vague copie des récits sumériens recueillis par les Hébreux lors de leur déportation à Babylone, après avoir été vaincus par le roi Nabuchodonosor, au XIe siècle avant Jésus-Christ.

Les Anunnakis auraient incorporé des implants génétiques dans l'ADN humain, afin d'assurer leur contrôle sur les hommes, et d'empêcher leur éveil spirituel. Selon certaines thèses, un gouvernement mondial – qui œuvrerait dans l'ombre depuis des années pour la domination de la Terre – serait sous l'emprise des descendants d'Annanukis qui attendent le retour prochain de leur planète Nibiru. Les anciens maîtres viendraient rechercher l'or rassemblé par leurs subordonnés restés sur Terre, comme c'est indiqué dans de nombreuses prédictions, toutes plus terribles les unes que les autres.

Le calendrier maya

Le calendrier maya a perdu de sa crédibilité après les interprétations fallacieuses qui en furent faites pour le 12 décembre 2012. Mais il ne faudrait pas, pour autant, jeter le bébé avec l'eau du bain ! Car, si certains ont tiré des conclusions hâtives et surtout hasardeuses de ce (ces) calendrier(s), il n'en faut pas moins l'étudier attentivement.

Les Mayas étaient obsédés par le temps. Ils ont élaboré pas moins de dix-sept systèmes différents capables de calculer les cycles des années, des saisons, des lunes… Leurs recherches leur ont permis de décrire, de manière très précise, les événements survenus depuis la création du monde.

Le calendrier maya (le plus connu) fait état de neuf périodes successives, de durées de plus en plus courtes, qui correspondent à neuf niveaux de conscience de l'humanité : le cycle cellulaire, le cycle mammifère, le cycle familial, le cycle tribal, le cycle culturel, le cycle national, le cycle planétaire[15]... Le 8e niveau correspond au cycle galactique. Il serait l'avant-dernier, avant le cycle universel qui durera 260 jours.

Les Mayas avaient trois calendriers principaux :

- le Tzolkin, qui comptait 260 jours. Il était plutôt de nature religieuse ;
- le Haab qui avait 360 jours. Il était de nature agricole ;
- enfin, le « compte long » présentait un cycle de 5 125 ans. La date du début de ce cycle correspond à la première apparition de la planète Vénus au-dessus de l'horizon terrestre.

Les Mayas, comme les Aztèques, pensaient que le monde avait été créé plusieurs fois. Nous serions actuellement dans le 5e monde – ou plus exactement dans le « 5e Soleil ». En ce qui concerne les précédents, nous avons quelques informations :

- Le premier monde – appelé « Soleil d'eau » – s'est terminé par une inondation générale.
- Le deuxième – appelé « Soleil de vent » – a péri à la suite d'un ouragan qui a emporté tous les êtres vivants de la Terre.
- Le troisième – appelé « Soleil de feu » – a été détruit par de grandes éruptions volcaniques ou par la chute d'une météorite.
- Le quatrième soleil fut détruit par le sang et le feu.
- Quant au 5e soleil – qui nous concerne –, il se terminera lorsque « la Terre se mettra en mouvement »... Phrase énigmatique, difficile à interpréter... Peut-être l'inversion des pôles ou un changement de sa vitesse de rotation, comme nous l'avons évoqué plus haut...

---

15. http://www.eveiletsante.fr/calendrier_maya.htm.

Pour les Mayas, la fin de leur calendrier signifie que le monde tel qu'il est – tel que nous le connaissons – cessera d'exister... Ce qui ne veut pas dire que ce sera la fin de l'humanité, mais plutôt le début d'un nouveau monde. Il consacre une renaissance, un changement et une autre manière de vivre où « les humains seront plus humains ». Ainsi, l'âge d'Itza correspond à un âge de sagesse et de lumière, qui apportera la conscience.

La perfection du calendrier maya ne laisse pas indifférent..., contrairement aux interprétations qui en sont faites. Ainsi, la date de la fin du calendrier est sujette à caution, parce que les concordances entre les calendriers maya et grégorien ne semblent pas simples à réaliser. Quelle que soit la date finale, elle annonce de grands bouleversements dans la conscience humaine. Elle ne correspond pas à la fin du monde (ou de l'humanité), mais à la fin d'« un » monde, pour aller vers une humanité plus humaine, à la conscience élargie.

Beaucoup d'autres prophéties

Il existe beaucoup d'autres textes et prophéties traitant de la fin du monde. Pour la plupart, ils présentent des problèmes d'interprétation, comme les prophéties de Nostradamus ou l'Apocalypse de saint Jean ; d'autres sont sujettes à caution concernant leur origine.

Le Web Bot

Le Web Bot aurait été conçu, dans les années 1990, pour tenter de faire des prévisions sur les marchés boursiers avec des logiciels qui collectent systématiquement un grand nombre de données présentes sur Internet à partir des sites, des blogs et des forums de discussion. Ces informations sont, ensuite, analysées par un programme qui fait ressortir un certain nombre de mots et de courbes qui permettent d'effectuer des prévisions. Ce balayage général d'Internet mettrait en évidence une sorte d'inconscient collectif, qui pourrait être projeté dans l'avenir.

Le Web Bot aurait prévu une augmentation progressive du nombre de catastrophes, et aussi indiqué que des énergies inconnues viendraient de l'espace. Il prévoirait également une guerre nucléaire prochaine et de courte durée.

Si le Web Bot semble intéressant dans son principe, les résultats obtenus sont sujets à caution parce que venant toujours d'intermédiaires et non de la source elle-même.

L'Apocalypse de saint Jean

L'Apocalypse aurait été écrite par l'apôtre Jean (Jean le Presbytre) entre 60 et 96 apr. J.-C. sur l'île de Patmos. Elle constitue le dernier livre de la Bible chrétienne. Théoriquement, ce texte décrit l'ultime combat entre le bien et le mal, entre Dieu et le diable, pour permettre aux hommes bons de vivre en harmonie sur la Terre.

Aucune date n'est indiquée. Selon les interprétations, le texte de saint Jean se référait aux événements de son époque ; pour d'autres, ce sont des prédictions sur l'avenir de l'humanité.

Avant d'aller plus loin, il est important de comprendre la signification du terme *apocalypse* qui ne signifie pas une « catastrophe effrayante générant la fin du monde » – bien que cela soit indiqué dans le Larousse[16]. Ce mot vient du grec *apokalupsis*, lui-même traduit de l'hébreu *nigla*, qui signifie, en fait, « mise à nu », « enlèvement du voile » ou, tout simplement, « révélation ». L'apocalypse

16. Larousse de poche, éditions Larousse Pocket, 1994.

signifie donc l'arrivée d'une révélation qui ouvrira les yeux de l'humanité. À ce moment-là, les humains recevront la compréhension de ce qui est depuis toujours devant eux, mais qu'ils ne voyaient pas (ou qu'ils ne voulaient pas voir). C'est ainsi qu'il est dit que les « écailles leur tomberont des yeux », pour signifier que les êtres humains ne seront plus aveugles (ou aveuglés) et qu'ils pourront, enfin, voir et appréhender la réalité en face.

Malheureusement, comme c'est le cas de nombreuses prophéties, les mots employés, les tournures de phrases et les symboles utilisés dans l'Apocalypse de saint Jean empêchent toute compréhension simple du texte : les sept sceaux, les sept trompettes, la bête à dix cornes et sept têtes, les sept coupes... Il est bien difficile de s'y retrouver. Reste alors les interprétations, qui sont toujours sujettes à caution.

Quoi qu'il en soit, il est dit que sept sceaux devront sauter avant le commencement de l'apocalypse. Pour certains, cela correspondrait à des éruptions solaires de classe X. D'après eux, nous en serions aux derniers sceaux ! Il serait intéressant de savoir comment ils sont arrivés à cette conclusion plutôt hasardeuse, même si elle n'est pas dénuée d'un certain intérêt.

D'autres textes de l'Apocalypse de saint Jean ont été analysés avec une grande attention, comme le chapitre 8, où il est dit :

- Verset 10 : « Le troisième ange sonna de sa trompette, et une grande étoile ardente comme un flambeau tomba du ciel sur la troisième partie des fleuves et sur les lointaines. »
- Verset 11 : « Le nom de l'étoile était absinthe, et la troisième partie des eaux fut changée en absinthe ; et plusieurs hommes moururent dans les eaux parce qu'elles étaient amères. »

Ces deux versets semblent présenter la chute d'une météorite sur la Terre, qui causerait de grandes destructions et rendrait les eaux imbuvables (à cause de métaux toxiques apportés par la météorite ?). Cela pourrait-il être la cause de l'apocalypse ? Quant à la date à laquelle se produiront ces événements, rien n'est dit.

Il est tout de même possible de ressortir du texte de Saint Jean que surviendront des événements terribles : massacres, séismes, famines, inondations, incendies, empoisonnement des eaux, animaux « dont la viande ne sera plus bonne à manger », guerres... Puis, ce sera l'apocalypse. Celle-ci correspondra à une révélation, à une ouverture de l'esprit des humains qui enfin comprendront la réalité telle qu'elle est.

Il n'est pas possible de clore ce chapitre sans parler des quatre cavaliers de l'apocalypse évoqués dans le texte de saint Jean. Ils correspondraient aux fléaux qui s'abattront sur l'humanité au moment de la fin des temps. Certains auteurs avancent que :

- Le premier cavalier correspond aux épidémies et aux restrictions.
- Le deuxième, à la guerre.
- Le troisième, à la famine.
- Le quatrième, à la destruction.

Ces calamités précéderaient l'arrivée d'un âge d'or pour l'humanité sur une Nouvelle Terre.

Cette présentation n'est pas sans rappeler les événements que nous vivons actuellement : pandémie du Covid, restrictions des libertés, pénuries, guerre en Ukraine... voire mondiale... qui entraîneraient la famine et la destruction de notre monde (peut-être aussi à cause de la chute d'un météore). Quoi qu'il en soit, si cette interprétation s'avère juste, la fin est pour bientôt...

Les prophéties de Nostradamus

Michel de Nostredame, aussi appelé Nostradamus (1503-1566) était apothicaire, mais aussi astrologue. Il a écrit un grand nombre de prophéties qui sont difficilement compréhensibles, du moins *avant* la survenue des événements. Car tous les textes sont codés et rédigés dans un mélange de latin et de (vieux) français.

D'après certains écrits, le secret du code employé par Nostradamus dans ses quatrains serait caché sous une pierre où apparaît l'inscription « Sur le marbre des écrits et écritures dressées ». Il est prédit que celui-ci serait découvert à notre époque… – ce qui semble logique. Car, sinon, quel est l'intérêt d'écrire un livre sur l'avenir s'il n'est compréhensible par personne ?!

Quoi qu'il en soit, certains quatrains se sont révélés suffisamment explicites pour que nous soyons capables de les comprendre et de vérifier la véracité des prédictions. C'est ainsi que Nostradamus a prédit sa propre mort avec une grande précision. Elle est survenue le 2 juillet 1566, précisément à la date et dans les circonstances qu'il avait annoncées.

D'autres quatrains sont aussi très évocateurs :

Le quatrain 91 de la deuxième Centurie évoque directement la bombe d'Hiroshima :

« Soleil levant un grand feu, l'on verra

Bruit et clarté vers Aquillon tendants

Dedans le rond mort et cris l'on orra

Par le glaive, feu et faim, mort les attendant. »

Sa traduction est :

« Un si grand feu se propagera du Japon
Que de Russie, on percevra les répercussions
Que de morts et de cris à l'intérieur du champignon
Où tous finiront par périr sans aucune illusion. »

Le quatrain 60 de la première Centurie parle directement de Napoléon Bonaparte :

« Un empereur naistra près d'Italie
Qu'à l'Empire sera vendu bien cher,
Diront avec quels gens il se rallie,
Qu'on trouvera moins prince que boucher. »

Ainsi, un certain nombre de prophéties sont bien comprises et se sont révélées exactes ; ce qui tend à démontrer la valeur des prédictions de Nostradamus, même si la plupart demeurent toujours obscures aujourd'hui. Il faut aussi demeurer prudent, car certains quatrains semblent avoir été ajoutés après la mort de Nostradamus, et seraient donc des faux.

Quoi qu'il en soit, sur les 942 prédictions de Nostradamus, de nombreuses semblent se rapporter à la fin du XXe et au début du XXIe siècle. Le quatrain 41 de la deuxième Centurie semble faire référence à ce qui se passera dans un proche avenir :

« La grand estoille par sept jours bruslera,
Nuée fera deux soleils apparoir,
Le gros mastin toute nuict hurlera,
Quand grand pontife changera de terroir. »

La traduction de ce texte donne ceci :

« Un astre semblable au soleil
Sera visible dans le ciel pendant sept jours.
Un astéroïde dévastateur
Qui changera les jours en nuit de terreur. »

Il semblerait que Nostradamus annonce l'arrivée d'un astéroïde dévastateur pour la Terre, à moins qu'il ne s'agisse de la planète X qui serait de retour... Quoi qu'il en soit, aucune date n'est indiquée pour cet événement.

En attendant la découverte du code de Nostradamus, les interprétations vont bon train et, pour le moment, elles se sont toutes révélées fausses. C'est ainsi que des auteurs prétendument spécialistes situaient vers l'an 2000 une série d'événements majeurs qui devaient bouleverser totalement le mode de vie du XXIe siècle : des mouvements planétaires inattendus, des séismes, des inondations, des tornades, de grands changements climatiques, voire un déplacement de l'axe de la Terre étaient au programme, ainsi que des guerres qui prévoyaient l'alliance temporaire des États-Unis et de la Russie contre les pays du Moyen-Orient. De nombreuses autres interprétations avaient prévu le règne du « grand roi de la terreur » pour 1999, avec une peste et une famine qui s'abattraient sur toute la Terre. Ces événements devaient atteindre leur apogée en l'an 2000... Cela se passe de commentaires.

Que conclure ? D'abord, il est vrai que Nostradamus a fait un grand nombre de prédictions exactes, comme certains faits peuvent l'attester. Mais ses prédictions sont codées. Par ce procédé, il cherchait probablement à se mettre à l'abri de l'Inquisition qui régnait à son époque, mais il a rendu les écrits difficiles à comprendre. Comme nous ne disposons pas de leur code, la traduction de ces quatrains est ardue, voire impossible. Jusqu'à présent, tous ceux qui s'y sont lancés ont échoué ! Cela ne veut pas dire que les quatrains sont faux, cela signifie simplement que personne n'est capable, actuellement, de les interpréter correctement.

Il est cependant possible de dire, au travers de certains textes plus ou moins compréhensibles, que notre époque sera chargée de grands « tourments ». Mais elle ne correspond pas à la fin de l'humanité, parce qu'il existe des prophéties qui intéresseraient le futur de l'humanité jusqu'aux années 6000.

C'est à peu près tout ce que nous pouvons en dire pour le moment, sans pouvoir donner ni date ni chronologie des événements à venir… En attendant la découverte du fameux code !

Le Livre de Daniel

Daniel fut un grand prophète dont les paroles sont retranscrites dans l'Ancien Testament. Certains observateurs voient, dans les chapitres 11 et 12, des prédictions en relation avec ce qui va se passer dans notre présent (ou futur immédiat) ; alors que d'autres considèrent que ces descriptions sont en relation avec des événements historiques survenus entre le VIe et le IIe siècle avant notre ère… Ce qui fait une sacrée différence !

Il y est décrit une grande guerre entre le roi du Nord et le roi du Midi. Ensuite, il est dit au chapitre 12 :

- Verset 11 : « Depuis le temps où cessera le sacrifice perpétuel, et où sera dressée l'abomination du dévastateur, il y aura mille deux cent quatre-vingt-dix jours » ;
- Verset 12 : « Heureux celui qui attendra, et qui parviendra à mille trois cent trente-cinq jours ! » ;

- Verset 13 : « Et toi, marche vers ta fin ; tu te reposeras, et tu seras debout pour ton héritage à la fin des jours. »

En clair, cela signifierait qu'il y a eu – ou qu'il y aura – trois ans et demi (1 290 jours) d'épreuves terribles (des plaies, des malheurs, des épidémies, etc.) pour les humains, suivis de 45 jours de bouleversements planétaires, soit un total de 1 335 jours. Ces événements seraient les signes avertisseurs de la fin du monde. Interprétation intéressante, mais pas convaincante. Quant à la datation, rien n'est dit.

Le 3e secret de Fatima

La Vierge Marie serait apparue à trois enfants en 1917 à Fatima. Cela aurait donné lieu à des manifestations extraordinaires, dont des mouvements du Soleil dans le ciel, observés par des milliers de personnes.

À cette occasion, la Vierge aurait transmis trois messages. Le premier correspondait à une vision de l'enfer, le deuxième enseignait comme sauver les âmes de l'enfer et demandait la conversion de la Russie. Le troisième fut gardé secret. Tous les papes depuis Pie VI ont refusé de le divulguer au monde, contrairement à la demande expresse de la Vierge elle-même (incroyable !).

En 2000, le Vatican décida de le divulguer… ou, du moins, de présenter un texte comme étant le 3e secret de Fatima. Celui-ci décrit le Saint-Père traversant une ville « à moitié en ruine », puis gravissant une colline surmontée d'une grande croix, avec divers évêques et religieux. Il priait pour les âmes des morts qu'il trouvait sur son chemin. L'histoire raconte qu'une fois parvenu au sommet de la colline, le pape fut tué par des soldats. Bref, le troisième secret correspondrait à l'assassinat du Saint-Père, dans un contexte de destruction générale. Mais il n'est pas précisé quel pape serait victime de cet attentat, ni quand il aura lieu.

Pour un grand nombre d'observateurs, le secret divulgué par le Vatican à l'occasion de la béatification de Jacinta et Francisco Marto serait faux ! Car, selon eux, le 3e secret n'est certainement pas aussi restreint que la simple description d'un attentat contre le pape. Sinon, pourquoi l'avoir gardé secret si longtemps ? Cela n'aurait guère de sens. Loin de calmer les esprits, cette pseudo-divulgation relance le mystère du 3e secret de Fatima.

En attendant la divulgation du « vrai » secret (qui serait en relation avec l'effondrement prochain de l'Église), tout ce tapage n'a pas grand intérêt.

Les treize crânes de cristal

Une légende maya affirme que des crânes de cristal détiendraient un savoir transmis par les Atlantes qui, eux-mêmes, l'auraient reçu d'êtres venus du ciel. Cette légende explique qu'au commencement il existait douze mondes où la vie humaine s'était développée. La Terre était appelée « la planète des enfants ». Ces mondes ont rassemblé leur connaissance dans ces crânes et en ont fait don aux hommes. Il y avait douze crânes, plus un treizième qui servirait à établir la liaison et la synthèse de l'ensemble. Ces treize crânes furent longtemps conservés dans une pyramide appelée « l'arche ». Différentes civilisations ont été successivement leurs gardiennes. Par la suite, ils ont été dispersés, du fait que les hommes en faisaient mauvais usage. Mais la légende raconte que lorsque les treize crânes seront à nouveau réunis, ils révéleront à l'humanité les secrets de la vie.

L'explorateur anglais Frederick Albert Mitchell-Hedges découvrit un premier crâne dans les ruines d'un temple de la cité maya

« des pierres tombées[17] ». Celui-ci était fait d'un cristal très pur. Il mesurait environ 13 cm de hauteur et pesait 5 kg. Il présentait la particularité d'avoir une mâchoire parfaitement articulée et amovible. La reconstitution médico-légale de ce crâne a montré qu'il était la reproduction parfaite d'un visage de femme amérindienne.

Ensuite, plusieurs crânes de cristal apparurent dans différentes régions du monde, sans qu'aucune explication puisse en être donnée. Des noms leur furent donnés : « Sha-Na-Ra », « Max », « crânes de la croix reliquaire », « crâne synergy »... Ces crânes dégageaient une forte énergie et auraient été capables d'apporter des guérisons aux malades.

Selon des études officielles, réalisées par deux journalistes de la BBC en 1997, Chris Morton et Ceri Louise Thomas[18], les crânes de la Smithsonian Institution de Washington et celui du British Museum à Londres montrent des traces de meulage. Les crânes seraient donc des faux, probablement fabriqués en Allemagne au XIXe siècle. Il en est de même de celui du musée du quai Branly à Paris (qui n'est plus exposé). Par contre, pour les crânes dits « de la croix reliquaire », « Max » et « Sha-Na-Ra », aucun commentaire ne fut donné dans les suites de cette expertise ; ce qui est curieux... De plus, il ne fut pas possible d'en établir une datation, parce que le quartz ne vieillit pas, ou si peu, selon notre échelle de temps.

Quoi qu'il en soit, l'existence de faux crânes ne veut pas dire que des vrais n'existent pas... Par ailleurs, il est intéressant de constater que le matériau choisi pour conserver les informations est le cristal. Car celui-ci est aujourd'hui utilisé pour stocker de la

17. À Lubaantùn, au Belize.

18. Chris Morton, Ceri Louise Thomas, *The Mystery of the Crystal Skulls*, Bear & Company, 2002.

mémoire des ordinateurs. De plus, le choix de la forme du récipient de ces informations n'est pas non plus anodin. En effet, la forme céphalique permettrait d'entrer aisément en résonance avec les esprits humains, ce qui faciliterait le passage des informations… lorsque les treize crânes seront réunis.

Évidemment, ces crânes ayant une origine maya, ils relancent l'intérêt sur les prédictions du calendrier maya. Mais, mis à part une belle légende maya, les treize crânes – s'ils existent – ne nous sont d'aucune utilité dans l'établissement d'une date de fin du monde…

Le cycle du Système solaire dans la galaxie

Notre Système solaire décrit une immense rotation autour du Soleil central (Alcyone) de notre galaxie : la Voie lactée. Ce cycle est comparable à la rotation de la Terre autour de notre Soleil. Cette révolution s'apparente à une année galactique. Sa durée est estimée à 225-250 millions d'années[19]. Notre Système solaire aurait déjà réalisé une vingtaine de révolutions galactiques depuis sa création.

Selon des astrophysiciens[20], notre Système solaire serait actuellement à la phase ultime de sa rotation complète. Certains vont jusqu'à affirmer qu'elle pourrait correspondre précisément avec la fin du cycle de la précession des équinoxes, voire avec la fin du calendrier maya. Mais il faut tout de suite relativiser ces affirmations gratuites devant le manque de précisions que nous avons concernant la durée de rotation du Système solaire dans la galaxie,

---

19. Morgane Gillard, « La formation de la croûte continentale pourrait être liée aux mouvements du Système solaire dans la Voie lactée », 30 août 2022, www.futura-sciences.com.
20. Les noms de Paul Otto Hesse et José Comas Solà sont avancés, sans pouvoir en identifier la source.

à quelques millions d'années près... Ce qui laisse une bonne marge d'erreur possible !

Mais l'histoire ne s'arrête pas là. Car il est dit que, lors de cette fin de cycle, le Système solaire traversera une vaste nébuleuse formée de gaz et de poussières, qui sera riche en ondes lumineuses constituées de photons. Ce serait dans cette région que nous serions, présentement. Ainsi, le Système solaire dans son ensemble – et donc aussi la Terre – subirait actuellement un rayonnement électromagnétique intense provenant de la région galactique traversée. Ce phénomène pourrait être accentué par les affaiblissements de la couche d'ozone et du champ magnétique terrestre...

Cette nébuleuse lumineuse ne possède aucune source scientifique fiable. Elle pourrait cependant expliquer l'arrivée sur notre planète d'importantes ondes cosmiques, à l'origine de l'élévation du niveau vibratoire de la Terre depuis quelques décennies (voir les explications dans le chapitre suivant consacré à l'élévation du niveau vibratoire de la Terre).

Encore d'autres...

Une autre prévision (dont il est difficile de connaître l'origine) donne des précisions concernant les dates :

- 2021-2026 : développement d'épidémies (Covid ?), puis de guerres, et enfin de pénuries (famine).
- 2026 : apparition d'une comète (premier passage de la comète Bernadinelli-Bernstein ?) qui formerait une sorte de croix dans le ciel.
- 2026-2029 : survenue d'un âge sombre, fait de restrictions et de lois liberticides (contrôle de la population ?).

– 2029 : écrasement d'une comète sur la Terre produisant trois jours de ténèbres (retour de la comète après son passage auprès du Soleil ?).
– À partir de 2030, développement d'un monde de lumière avec les survivants.

Il existe encore un grand nombre de prédictions et de textes – qui ne semblent guère crédibles – concernant la fin de notre monde, comme :

- le code secret de la Bible ;
- les messages de la Vierge à Garabandal ;
- le *Yi Jing* chinois ;
- les oracles des pythies grecques, et ceux des sibylles romaines ;
- les prédictions de la Mère Shipton en Angleterre ;
- les prédictions de Merlin l'Enchanteur ;
- les *crop circles* (ou cercles de culture) dont certains présenteraient des symboles concernant la fin de notre monde ;
- etc.

À tout cela s'ajoutent des prévisions de futurs phénomènes astronomiques (comme des alignements planétaires), des prédictions astrologiques, des messages reçus par des médiums, etc. Leur point commun est d'évoquer une période difficile que doivent traverser la Terre et l'humanité avant d'atteindre un âge de lumière. Certains parlent de la « 5e dimension » (nous y reviendrons).

L'ÉLÉVATION VIBRATOIRE DE LA TERRE

Un autre élément pointant sur notre époque est l'élévation impressionnante du niveau vibratoire que connaît notre planète depuis plusieurs années, et qui s'est fortement accentuée depuis le mois de juillet 2021.

Qu'est-ce que le niveau vibratoire de la Terre ?

Dans l'univers, tout est vibration. En effet, chaque particule – composée d'énergies concentrées – vibre parce que l'énergie est sans cesse en mouvement. Le niveau vibratoire de chacune change selon ses caractéristiques. Ainsi, la vibration d'un électron n'est pas la même que celle d'un proton, par exemple. Composés de particules, les atomes, les molécules, les individus et les planètes vibrent également. Une fois encore, leur niveau vibratoire dépend de leur composition (association de particules et d'atomes).

La Terre présente un niveau vibratoire propre. Or celui-ci ne cesse d'augmenter depuis les années 1980... Doucement pour commencer, puis de plus en plus rapidement.

Il n'existe pas d'appareil scientifique pour mesurer le niveau vibratoire d'une personne ou d'une planète. Celui-ci est calculé empiriquement par la radiesthésie (pendule, baguettes coudées, etc.), le test musculaire ou le test énergétique. Cependant, lorsque plusieurs personnes recherchent, au même moment, le niveau vibratoire de la Terre – chacune avec sa technique – et que les valeurs retrouvées sont similaires, ce n'est toujours pas scientifique, mais cela s'en rapproche.

L'unité utilisée classiquement en radiesthésie est l'unité Bovis (UB), du nom de son inventeur, Alfred Bovis (1871-1947), qui effectua les premières mesures par radiesthésie dans les années 1930. Les valeurs sont quelquefois assimilées aux angströms[1], qui seraient la « longueur d'onde la plus grande du spectre visible de l'homme ». Mais cette unité semble abandonnée. Quoi qu'il en soit, il est bien difficile de dire quelle est la valeur exacte d'une unité Bovis (UB). C'est pourquoi, pour contourner partiellement cet obstacle, l'unité prise comme référence dans les estimations présentées dans cet ouvrage correspond au point de départ : 6 500 UB, valeur qui a prévalu sur Terre durant des milliers (millions ?) d'années.

Pourquoi le niveau de la Terre s'élève-t-il ?

Du cosmos arrivent sur la Terre des énergies extrêmement puissantes, mais aussi de fréquence très élevée. Elles correspondent à un nouveau degré de l'ascension de l'univers, comme l'expliquent les Indiens Hopis. Car l'évolution, d'une manière générale, n'est pas un cercle avec d'éternels recommencements, mais une spirale ascendante. Cette forme est retrouvée dans l'ADN et les ondes scalaires, qui sont des éléments essentiels à la vie. Ainsi, l'univers ascensionne et emporte avec lui tout ce qui le constitue, y compris

1. L'angström est une unité de mesure valant 10^{-10} mètres.

la Terre et ses habitants. Il s'agit d'un mouvement inéluctable que rien ne peut entraver.

Il est cependant possible que des freins se produisent localement (au niveau planétaire) à cause de la présence d'« âmes malades » ou d'êtres aux « pensées anarchiques », comme l'expliquent les Hopis. Cela ne fait, bien sûr, que retarder pour mieux sauter... Mais ce retard peut prendre beaucoup de temps à l'échelle humaine. C'est ce que nous vivons sur la Terre avec ce mouvement qui nous pousse vers le haut, et des pensées humaines perturbatrices qui créent (ou attirent) des situations délétères, nous entraînant – si nous n'y prenons pas garde – vers le bas.

Il n'en demeure pas moins que les puissantes énergies provenant de l'univers actuellement stimulent tout sur leur passage, notamment notre planète et l'humanité. La Terre n'a pas les freins psychologiques que connaissent les êtres humains, aussi a-t-elle élevé facilement son niveau vibratoire. Les humains sont appelés à faire de même... – s'ils le veulent (nous indiquerons, plus loin, comment faire).

L'élévation du niveau vibratoire terrestre n'a que peu de répercussions sur le champ magnétique, et donc sur la résonance de Schumann. Il est vrai qu'il peut se produire quelquefois des agitations passagères dans la résonance de Schumann lorsque surviennent de brusques poussées du niveau vibratoire. Mais ces agitations peuvent avoir d'autres causes. Par conséquent, il ne faut pas tenter de relier le niveau vibratoire de la Terre à la résonance de Schumann.

Quelles sont les valeurs ?

Dans le passé, jusqu'aux années 1960-1970, le niveau vibratoire de la Terre (NVT) était de 6 500 UB. Il y a tout lieu de croire que celui-ci est demeuré dans cet ordre de valeur pendant des millénaires. Il semblerait que le NVT soit monté doucement au fil des siècles, pour atteindre les 6 500 UB des années 1960-1970. Il y a cent mille ans, il était à 3 800 UB ; alors qu'il y a dix mille ans, il arrivait à 5 500 UB.

Cette montée s'associe à l'ouverture des consciences qui s'est produite au cours de l'évolution humaine. Autrefois, l'homme avait la conscience de son terrain de chasse, puis ce fut celle de la cité, de la région, du pays, du continent, et de la Terre comme aujourd'hui... Bientôt, du Système solaire, de la galaxie et de l'univers. Nous pourrions argumenter que l'ouverture actuelle des esprits est liée aux nouveaux moyens de communication, comme la téléphonie mobile et Internet. Mais ce serait confondre les causes et les moyens. Car c'est parce qu'il y a un élargissement de la conscience humaine que ces moyens se sont développés, et non l'inverse. Si Internet avait existé au Moyen Âge, il n'aurait intéressé personne, parce que les esprits n'étaient pas prêts. Quand ceux-ci sont mûrs, les moyens pour les développer arrivent.

Voyons maintenant l'évolution du NVT depuis 1970 :

- 1970 : 6 500 UB
- 1980 : 8 000 UB
- 1990 : 9 500 UB
- 2000 : 11 000 UB
- 2010 : 12 000 UB
- 2020 : 40 000 UB
- 13 juillet 2021 : 57 000 UB

Cette période fut marquée par une élévation progressive du NVT. En 1980, nous trouvions incroyable le passage de 6 500 UB à 8 000 UB – soit une augmentation de presque 25 % ! Mais nous n'étions pas au bout de nos surprises parce que, en quarante ans, le NTV a été multiplié par 5, pour atteindre les 40 000 UB. C'est à cette époque que l'augmentation s'est faite plus rapide en atteignant les 57 000 UB en juillet 2021 – c'est-à-dire qu'il s'est produit une augmentation de 17 000 UB en seulement dix-huit mois !

À partir du 15 juillet 2021 – pleine période de la pandémie de Covid –, une brusque arrivée d'énergies cosmiques s'est produite. Elles ont entraîné une augmentation du NVT, qui est passé en quelques heures de 57 000 UB à 73 000 UB – soit une augmentation de plus de 30 %. Depuis, les nouvelles énergies ne cessent de s'élever, en fréquence et puissance. Cela a donné l'impression qu'un portail de lumière s'ouvrait et répandait ses énergies sur la Terre. Au début, nous pensions que ce portail se refermerait en décembre 2021. Mais il n'en a rien été, et les énergies universelles continuent de se déverser sur notre planète sans discontinuer. Elles favorisent l'élévation vibratoire de la Terre et celle des humains qui le désirent.

Les catastrophes que nous connaissons – dont le nombre et l'intensité s'accroissent d'année en année – peuvent avoir deux causes. Notez que les deux peuvent être justes :

– Une purification. Pour élever son niveau vibratoire, la Terre se nettoie. Les mégafeux, les inondations, les éruptions volcaniques… peuvent faire partie de ce processus ; tout comme les problèmes telluriques pourraient être des soubresauts liés à son élévation vibratoire.

– L'activité humaine, qui est à l'origine de nombreux déséquilibres écologiques. Sans oublier que nos pensées collectives délétères peuvent attirer des événements catastrophiques.

Depuis juillet 2021, l'élévation du NTV est spectaculaire. Les chiffres parlent d'eux-mêmes :

- 13 juillet 2021 : 57 000 UB
- 1er août 2021 : 160 000 UB
- 1er novembre 2021 : 211 000 UB
- 1er janvier 2022 : 405 000 UB
- 1er mars 2022 : 706 000 UB
- 1er mai 2022 : 1 117 000 UB
- 1er juin 2022 : 1 575 000 UB
- 1er juillet 2022 : 2 000 000 UB
- 1er août 2022 : 2 284 000 UB

Durant la deuxième quinzaine d'août s'est produite une brutale chute du NTV qui est redescendu à 1 480 000 UB avant de reprendre son ascension. Cette baisse temporaire était probablement due à des facteurs humains… – la partie sombre de ceux-ci ressortant pour être purifiée ; ou plutôt pour fusionner avec leur part lumineuse afin de refaire l'unité de leur être. Le but étant de sortir de la dualité pour aller dans la vacuité, c'est-à-dire vers la non-attente et le non-jugement.

Depuis, cette élévation semble aller de plus en plus vite, toujours plus haut, pour atteindre des chiffres à peine croyables. La question est de savoir jusqu'où ira cette augmentation, et aussi quelles en seront les répercussions sur les êtres humains (ceux qui se seront préparés et les autres) ? Certains parlent d'un point bascule vers la 5e dimension – un passage vers un monde de lumière, comme beaucoup de prophéties l'annoncent.

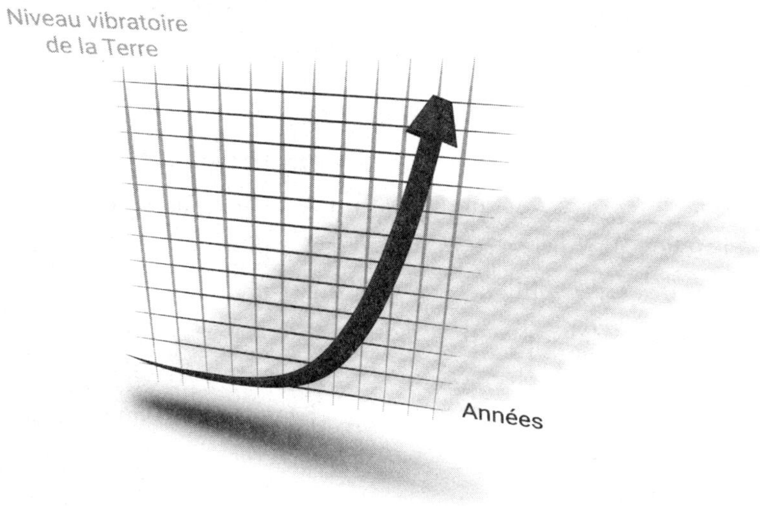

Quelles sont les preuves de l'élévation du NVT ?

Des preuves de l'élévation du NVT sont présentes sous nos yeux. Mais, apparaissant progressivement, nous n'en prenons pas conscience – comme la grenouille plongée dans un bain dont l'eau devient de plus en plus chaude.

Nous avons déjà évoqué l'élévation de la conscience humaine. Celle-ci s'est développée au fil des siècles. Ainsi, les points de vue de nos ancêtres étaient différents de ceux qui nous motivent aujourd'hui. Pour s'en convaincre, il suffit de regarder les vieux films des années 1960-1970. Certes, les effets spéciaux n'étaient pas aussi élaborés qu'aujourd'hui, mais le style des histoires, les motivations des personnages et le rythme des films étaient très différents. De plus, les attitudes, les dialogues et les raisonnements exprimés par les personnages sont souvent éloignés de ceux de notre époque. Nous pouvons ainsi nous rendre compte du chemin parcouru par nos esprits en quelques décennies.

Autre exemple : si nous donnons le dernier modèle d'un téléphone portable à un sexagénaire, il va mettre plusieurs jours à comprendre et à activer quelques fonctions de son appareil. Si nous l'offrons à un adolescent, en quelques minutes, il aura fait le tour de toutes les applications et saura parfaitement l'utiliser. Ce phénomène est classique. Il démontre que nos fonctionnements psychologiques sont différents. Ainsi, le fossé entre les générations ne cesse de s'agrandir, parce que les nouvelles générations disposent de nouvelles capacités.

Dans les années 1980, en même temps que commençait à s'élever le NTV, apparurent les enfants indigo, puis les enfants cristal et arc-en-ciel aux capacités psychiques particulières, et possédant souvent des talents particuliers. Il y eut ensuite les enfants hyperactifs, ceux présentant des déficits de l'attention (TDAH) qui correspondent à 3,5 à 5 % des scolarisés, sans oublier les autistes (TSA), dont la prévalence parmi les enfants et les adolescents aux États-Unis est passée de 1 pour 5 000 en 1975 à 1 pour 150 en 2002, à 1 pour 68 en 2012[2], et à 1 pour 59 en 2017[3]. En France, cela concerne 650 000 personnes, dont 250 000 enfants[4]. Enfin, n'oublions pas les enfants intellectuellement précoces (EIP) et les enfants à haut potentiel intellectuel (HPI), dont le QI est supérieur à 130. Ils représentent 2 à 5 % des élèves. Certains parlent même

2. « Autisme : la fréquence se stabilise aux États-Unis », *Sciences et Avenir* et AFP, 3 janvier 2018, sciencesetavenir.fr.

3. Pascal Hérard, « Autisme : les États-Unis s'alarment de l'augmentation des cas », *TV5Monde*, 27 avril 2018, https://information.tv5monde.com.

4. Ève Roger, « Pourquoi il y a plus d'autistes en France », 1er avril 2017, www.europe1.fr.

d'une «épidémie», tant leur nombre ne cesse de croître[5]. Ce sont tous des enfants inadaptés ; ou, plus exactement, inadaptés à notre société, et non à celle qui va venir ! Leur nombre augmente parallèlement à celui du NTV. Il serait important de leur donner les moyens de développer leurs talents, plus que de les traiter médicalement comme des handicapés, parce qu'ils peuvent apporter beaucoup à notre société. Car certains sont de véritables génies.

Dans les années 1990-2000, en même temps qu'augmentait le NTV apparaissaient de nouveaux chakras[6]. Ils se sont développés progressivement, les uns après les autres au fil des années. Chaque chakra indique un niveau de conscience supérieur par rapport au précédent. Or six nouveaux chakras principaux sont apparus. Ils apportent de nouvelles capacités aux êtres humains : télépathie, téléportation, clairvoyance et supraspiritualité. Celles-ci sont en train de se développer chez l'ensemble des individus.

Comme nous le constatons dans la pratique des soins énergétiques, maintenant, tout le monde est capable de ressentir les énergies – ce qui n'était pas le cas, il y a quelques décennies. La transmutation des mauvaises vibrations en bonnes est aussi devenue possible. Le barrage du feu (pour soulager les brûlures) ou la radiesthésie sont réalisables par tous, alors qu'il fallait posséder un don, autrefois.

L'humanité dispose aujourd'hui de capacités psychiques développées. La puissance de la pensée n'a jamais été aussi importante. Elle s'exerce sur le corps (pensée positive, par exemple), sur les autres individus, sur l'environnement, ainsi que sur sa vie personnelle.

---

5. Marie-Stella Papeghin, « Tests HPI : cette étrange épidémie d'enfants "surdoués" », 21 août 2022, www.lefigaro.fr.

6. Les chakras sont des roues d'énergie situées sur les corps énergétiques, et qui permettent l'entrée et la sortie des énergies. Il y a actuellement sept chakras principaux.

La communication avec les animaux et les plantes devient de plus en plus aisée. Ce processus n'est sans doute pas sans inquiéter les autorités. Car, si la population prenait conscience de ses capacités, elle deviendrait très difficile à contrôler. Est-ce que les événements actuels – avec les mesures restrictives, les pénuries, la guerre... qui plongent les individus dans la peur – seraient faits pour empêcher le développement de leurs puissances psychiques ? À chacun de trouver sa réponse.

Un autre fait troublant concerne les animaux. En effet, ceux-ci bénéficient également de l'arrivée des nouvelles énergies qui tendent à ouvrir leur esprit. C'est ainsi que leur comportement a changé durant ces dernières décennies. Par exemple, lorsque deux chiens errants se rencontrent, ils ne se reniflent plus l'arrière-train pendant des heures, comme cela se faisait autrefois. Souvent, ils s'assoient et semblent converser ensemble. Ce phénomène n'est pas limité aux chiens, il concerne l'ensemble du règne animal : les chats, les chevaux, les dauphins... Ces nouvelles attitudes sont faciles à remarquer, si nous prenons le temps de les observer.

Tous ces éléments ne constituent que quelques exemples. Les transformations touchent tous les secteurs de notre environnement. Ils démontrent qu'un changement important est en cours.

La puissance de la pensée humaine qui se manifeste actuellement va de pair avec l'ouverture des consciences. Cette évolution est rapide. Son origine ne peut s'expliquer que par l'arrivée des nouvelles énergies cosmiques qui frappent la Terre depuis quelques décennies.

Qu'est-ce que la 5e dimension ?

Beaucoup d'auteurs, de messages médiumniques et de textes expliquent qu'avec la montée du NTV, la Terre et l'humanité vont prochainement passer dans la « 5e dimension ». Qu'est-ce que cela signifie ? Voyons à quoi elle correspond.

Nous avons appris la géométrie à l'école : la droite qui correspond à une dimension (longueur), le plan à deux dimensions (longueur et largeur), et le cube à trois dimensions (longueur, largeur et hauteur). C'est dans ce dernier que l'univers évolue : la 3e dimension, ou 3D.

Nous pouvons y ajouter le temps, qui est lié à la matière et aux déplacements. En tenant compte de lui, certains suggèrent que nous ne serions pas dans la 3D (longueur, largeur, hauteur), mais dans la 4e dimension, car aux trois dimensions géométriques s'ajouterait le temps. Cela semble juste, si nous parlons non plus d'« espace géométrique » mais d'« espace-temps » – ce qui est différent.

Pour compliquer la situation, selon la théorie des cordes, en physique quantique, l'espace « serait non pas constitué de quatre dimensions d'espace-temps (trois d'espace et une de temps), mais de dix, onze, ou même vingt-six dimensions. Sans ces dimensions supplémentaires, la théorie s'écroule[7] ».

Dans ces conditions, il devient très difficile d'imaginer ce que serait la 5D. Mais il est probable que, si un être vivait dans la 2D (le plan), il aurait de grosses difficultés à concevoir la 3D, alors que, pour nous, c'est une évidence. Quant à concevoir la 6D, la 7D ou la 8D, cela nous donne des maux de tête.

---

7. Wikipédia.

Nous pouvons réaliser une approche différente. Comme nous l'avons évoqué, dans l'univers, tout est vibration. Aussi, plutôt que de parler de « 5e dimension » – qui fait penser à des dimensions géométriques –, il serait préférable de considérer les dimensions comme des changements de niveau vibratoire. De plus, pourquoi parle-t-on d'un passage de la 3D à la 5D, et non à la 4D ? Cela semble illogique. Pour l'expliquer, certains avancent que la 4D serait une dimension de transition, un passage obligatoire et temporaire vers la 5D. Peut-être.

Quoi qu'il en soit, si nous voyons les dimensions comme des niveaux vibratoires, où chacune possède sa propre fréquence toujours plus élevée par rapport à la précédente, cela devient plus clair. Nous comprenons pourquoi l'augmentation du NVT pousse à nous ascensionner dans une dimension supérieure.

Dans les différentes dimensions, plus la fréquence vibratoire s'élève, plus la matière devient éthérée (moins de matière, et plus d'énergie), plus le temps s'efface, et plus la conscience se développe.

Toutes les dimensions se trouvent au même endroit en même temps. Le passage de l'une à l'autre ne correspond pas à un déplacement dans l'espace ou dans le temps, mais à un changement vibratoire. Celui-ci permet aux individus de passer facilement de l'une à l'autre en changeant leur vibration. Nous pourrions dire aussi que **le passage dans une dimension supérieure s'effectue grâce à un changement de conscience de la personne**, qui a induit chez elle un changement vibratoire. Ainsi, lorsqu'une personne ouvre suffisamment son esprit, elle passe *ipso facto* dans la dimension supérieure. Ce passage est actuellement facilité par les énergies qui arrivent sur la Terre. C'est une grande opportunité qui est offerte à tous. Mais rien n'est obligatoire. C'est à chacun de décider.

Le changement vibratoire et l'élévation du niveau de conscience fonctionnent de manière concomitante. L'un ne va pas sans l'autre. Il est impossible à un individu de la 3D de passer dans la 5D (pour garder les appellations usuelles), s'il n'a pas élevé sa fréquence vibratoire, c'est-à-dire ouvert sa conscience. La porte lui est fermée. Ce n'est pas une punition ni un jugement, mais une loi physique qui le protège. Car il lui serait insupportable de vivre dans ces fréquences qui sont trop élevées pour lui. De même, il nous serait impossible de (sur)vivre dans les énergies du Divin qui sont beaucoup trop élevées pour nous... Nous grillerions littéralement. Cela ne sera possible que lorsque nous aurons accompli un grand chemin d'évolution.

Comment se fera le passage dans la 5e dimension ?

Comment se fera le passage dans la 5D ? Nous nous trouvons, ici, dans le domaine des hypothèses. Si nous effectuons un travail personnel sur nous-mêmes – comme il sera évoqué plus loin –, nous monterons progressivement notre vibration pour atteindre le « point bascule », celui qui nous fera passer dans la 5D. Il est probable que celui-ci se passera en douceur, mais rien n'est sûr. De plus, l'atterrissage dans la nouvelle dimension risque de surprendre quelque peu !

Plusieurs possibilités peuvent être envisagées :

- Un passage individuel. Ce qui signifie que les personnes préparées disparaîtront les unes après les autres de la 3D, pour apparaître dans la 5D... À moins qu'elles ne demeurent dans la 3D en vivant dans les énergies de la 5D ?

- Un passage planétaire qui surviendrait lorsque le NTV atteindrait une certaine valeur : un point bascule. Dans cette situation, tout le monde serait incité à passer dans la 5D. Mais seuls les individus préparés – ayant un niveau vibratoire suffisant – le pourront. Cette préparation peut être effectuée longtemps à l'avance, mais aussi au dernier moment. Cela n'a pas d'importance. L'essentiel étant d'être prêt au moment voulu !

Quelle que soit la manière dont s'effectuera le passage, nous pouvons nous demander ce que deviendront les personnes qui n'ont pas élevé leur niveau vibratoire, et donc qui ne sont pas prêtes pour le passage... Une fois encore, plusieurs possibilités (hypothétiques) :

- Les personnes de basses vibrations ne supporteront pas les fréquences de la nouvelle dimension, et seront amenées à disparaître. Cette « épuration » peut aussi être réalisée avant le passage, lorsque le NVT atteindra des valeurs élevées. Les prophéties de Peter Deunov vont dans ce sens.
- Une autre solution consisterait en une scissiparité de la Terre – une sorte de duplication –, avec une Terre qui resterait dans la 3D avec les personnes non préparées, et l'autre qui passerait dans la 5D avec celles qui présenteraient un niveau vibratoire suffisant. La vie sur la Terre qui restera dans la 3D devrait être difficile, parce que demeurerait une forte concentration d'êtres dépravés et de délinquants.

  Une dernière solution consisterait à ce que nous demeurions tous sur la Terre qui serait passée dans la 5D. Le grand nombre des êtres aux vibrations élevées permettrait d'aider les personnes non préparées à élever leurs propres vibrations, et de changer les paradigmes de la société qui dirigent l'humanité depuis des siècles, afin de mettre en place une nouvelle société faite de justice, de partage, de tolérance, de compréhension et de compassion. Bref, nous construirions, tous ensemble, sur cette Terre, un nouvel Éden. Il n'y aurait pas de passage dans la 5D dans le sens que nous avons évoqué précédemment, mais un changement radical de l'état d'esprit des individus, qui purifierait la Terre et porterait l'humanité vers un âge de lumière. La 5D serait donc une sorte de symbole indiquant la direction à suivre. Ensuite, c'est nous et nous seuls qui créerions le monde de demain. Avec une humanité possédant une conscience élevée, il y a tout lieu de croire que celui-ci sera magnifique.

LE DESSOUS DES CARTES

Avant-propos

Dans ce chapitre, les théories qui sont présentées peuvent être dérangeantes pour certains lecteurs. Il n'est pas nécessaire d'y adhérer pour constater que le monde est en train de changer et qu'il faut que chacun s'y prépare. Il semble, par contre, intéressant de connaître ces éléments et de les garder en mémoire, parce qu'ils permettent d'avoir une vision différente des événements en cours. Ensuite, ce sera à chacun de se faire sa propre opinion.

Vous verrez, au cours de ce chapitre, qu'il faut relativiser la situation – aussi péjorative soit-elle – pour la regarder d'un point de vue plus élevé.

Une théorie complotiste

Nous avons évoqué, dans un chapitre précédent, la situation géopolitique mondiale actuelle ; du moins, celle qui est plus ou moins visible, même si des éléments ne sont pas connus du grand public. Car il faut parfois creuser et rechercher des informations sur des sources non officielles pour les trouver.

D'un point de vue géopolitique, il y a des problèmes à tous les niveaux. Nous pouvons dire que nous sommes sur une poudrière ! À ceux-ci s'ajoutent des problèmes planétaires en cours d'évolution, comme le réchauffement climatique, la montée du niveau des mers, et des menaces possibles et sérieuses concernant notamment l'inversion des pôles, l'activité solaire et les comètes.

Les risques sont nombreux et menacent l'humanité et la Terre tout entière. À cela s'ajoutent les prophéties de fin du monde qui semblent pointer sur l'époque actuelle, le XXIe siècle. Elles sont plutôt inquiétantes dans leurs prévisions. La plupart nous avertissent que de grands bouleversements vont se produire, et que ceux-ci risquent de ne pas se dérouler dans la quiétude. Cependant, beaucoup indiquent qu'un âge d'or surviendra ensuite pour les êtres humains. Après l'écroulement de notre monde actuel, un nouveau – plus radieux – se développera. Il faut souvent détruire pour construire.

L'élévation du niveau vibratoire de la Terre semble aller dans le sens de ces prophéties. Car les énergies qui arrivent sur notre planète poussent les êtres humains à ouvrir leur conscience ; ce qui devrait leur permettre de construire un nouveau monde fait de lumière et de compassion.

Il n'est pas possible d'arrêter le mouvement universel qui est en marche. L'évolution vibratoire universelle se fera avec ou sans l'humanité. Mais il est possible de la freiner localement, c'est-à-dire à l'échelon d'une planète comme la Terre. Ce serait, certes, reculer pour mieux sauter. Mais pour combien de temps ? Plusieurs siècles ? Plusieurs millénaires ?

Sachant cela, nous pouvons nous demander pourquoi le monde politique reste bloqué sur ses anciens paradigmes. C'est comme s'il tentait, par tous les moyens, d'empêcher l'évolution des consciences, et ainsi l'avènement d'une nouvelle société. Cela donne l'impression que ce petit groupe reste accroché à son pouvoir – voire désire l'augmenter – au détriment du reste de l'humanité. Pourquoi ?

En effet, il est évident que, devant les nombreux problèmes auxquels doit faire face l'humanité aujourd'hui, seule une coopération entre tous les peuples peut apporter la solution. Le temps n'est pas à la négociation ou à la discorde, mais à l'entente entre tous, pour le bien de l'humanité. Alors, pourquoi chaque pays est-il encore en train de tenter de tirer des avantages de la situation, au détriment des mesures sérieuses qui devraient être entreprises ? Est-ce que nos gouvernants sont aveugles ou imbéciles ? C'est peu probable. Or, si nous partons de ce postulat, nous en arrivons à la triste conclusion qu'ils ont un autre plan en tête que de sauver la planète et ses habitants !

Ce genre de raisonnement est dérangeant et souvent qualifié de « complotiste » par le pouvoir en place. En effet, si nous passons outre la propagande actuelle réalisée par les médias – appartenant aux grandes familles financières – et que nous additionnons les faits évoqués précédemment, la conclusion tombe d'elle-même : il semble que tout soit fait par les gouvernants actuels pour empêcher les êtres humains d'évoluer, et ainsi de s'émanciper du pouvoir en place... pour devenir ce qu'ils sont au fond d'eux-mêmes : des êtres puissants... de lumière.

Même sans croire aux prophéties et à l'élévation vibratoire de la Terre, les autres éléments suffisent à démontrer qu'il est impératif de construire un monde unifié. Car, si nous continuons dans la division, nous sommes appelés à disparaître.

Si ce groupe – qui domine la Terre en tirant les ficelles du monde politico-financier, dans l'ombre – veut empêcher l'avènement d'un nouveau monde, c'est qu'il désire demeurer en place et continuer de développer son pouvoir pendant encore longtemps.

Certains avancent – et cette hypothèse semble logique – que cette communauté désirerait réduire la population mondiale... Peut-être à 800 000 millions d'individus. Cette diminution leur permettrait à la fois :

- de mieux contrôler l'humanité, notamment grâce au développement de la surveillance par l'IA, qui est devenue opérationnelle aujourd'hui. Les humains deviendraient ainsi des êtres serviles au service d'une élite (autoproclamée);
- de résoudre, *ipso facto*, un certain nombre de problèmes géopolitiques, voire planétaires. Car la montée des eaux, la désertification, le changement climatique, les pénuries... ne seraient plus des problèmes, s'il ne demeurait qu'une population réduite. D'un autre côté, ces catastrophes serviraient aussi leur plan de réduction de la population;
- de vivre confortablement. Car le développement des technologies fait qu'il n'est plus nécessaire d'avoir une main-d'œuvre abondante pour continuer à produire ce dont ce groupe aurait besoin pour développer une existence dans l'opulence. Pire, une forte population serait un frein au déploiement de ce monde, à cause de la nécessité de la nourrir et d'assurer son existence (habitation, santé, transports, communications, écoles, etc.).

Ainsi, toutes les catastrophes que nous vivons actuellement (pandémies, guerres, cataclysmes, montée des eaux, pénuries...) seraient autant de moyens de limiter – voire de réduire – la population. Car les solutions présentées – à grand renfort de publicité – ne sont que de la poudre aux yeux pour faire croire que quelque chose est fait pour prévenir les catastrophes à venir, alors qu'elles sont sans effet. Elles ne traitent les problèmes qu'en surface, et non en profondeur. Pire, un grand nombre d'États ne se conforment pas aux traités internationaux qu'ils ont pourtant signés.

L'idée qu'un petit groupe de la grande finance – l'État profond – œuvre dans l'ombre pour l'avènement d'un nouvel ordre mondial (avec une population mondiale peu nombreuse qu'il contrôlerait grâce au développement de l'IA), ne semble pas si folle, compte tenu de la situation actuelle et de l'absence de mesures efficaces contre les fléaux à venir. Or ceux-ci pointent déjà leur nez, et la date de survenue de ces catastrophes se compte en mois ou en années – au mieux, en décennies.

L'absence d'action d'envergure à l'échelon international face aux fléaux actuels, démontre que le but de nos dirigeants se trouve ailleurs... Car nous avons affaire à des gens intelligents – très intelligents, même. Il serait grave de les sous-évaluer. Ce sera à chacun de trouver sa réponse.

Cependant, tout n'est pas perdu, tant s'en faut. Car de nombreux individus, associations, groupes et même pays œuvrent pour empêcher le développement de ces plans délétères. Mais ils ont besoin de soutien – de notre soutien.

Le dessous du dessous des cartes

Il est possible d'aller plus loin dans le dessous des cartes de la situation actuelle, en complétant le tableau – tel un immense échiquier – avec la possible présence cachée de beaucoup d'autres groupes très puissants... – les uns commandant les autres et interférant entre eux. Ici, nous arrivons dans un domaine peu connu, où il devient difficile de s'y retrouver tant les ramifications sont nombreuses. Aussi, nous ne donnerons que quelques éléments, afin que vous puissiez voir l'étendue de ce qui semble se passer actuellement à l'échelon planétaire, interplanétaire, interstellaire, et même interdimensionnel si l'on en croit certaines sources.

Il faut d'abord admettre que nous ne sommes pas seuls dans l'univers. Le personnage du film *Contact*[1] expliquait à peu près ceci :

1. *Contact* (1997), de Robert Zemeckis, avec Jodie Foster.

- si une étoile sur un million possède une planète qui gravite autour d'elle ;
- si une de ces planètes sur un million abrite des conditions favorables à vie ;
- si une de ces planètes qui présente des conditions favorables à la vie sur un million abrite une vie intelligente ;
- si une vie intelligente sur un million a développé une société évoluée ;
- cela signifie qu'il existe des milliards de milliards de milliards de milliards de sociétés évoluées dans l'univers.

Par ce simple calcul, la présence de sociétés extraterrestres évoluées est mathématiquement démontrée. Partant de là, il est facile de considérer que beaucoup ont développé les voyages dans l'espace, et aussi que certaines sont déjà venues sur Terre. De nombreux mythes et légendes semblent d'ailleurs parler d'« êtres venus du ciel sur des chars volants », qui ont été considérés comme des dieux par les humains de l'époque.

Les grands financiers qui dirigeraient un grand nombre de gouvernements dans l'ombre seraient, eux-mêmes, subordonnés ou feraient partie des « treize lignées de sang noir ». Certains disent que ces familles – les Illuminati – seraient d'origine extraterrestre (ET) notamment draconienne (reptilienne), et que seules deux ou trois seraient humaines. Ces individus utiliseraient des procédés de magie noire et certaines technologies de pointe (inconnues sur Terre), pour asseoir leur pouvoir et obscurcir les esprits humains. Dans leurs cérémonies secrètes, ils se nourriraient de l'énergie d'enfants terrorisés (parce que les vibrations de ceux-ci sont particulièrement puissantes dans ces situations), et extrairaient de leur sang de l'adrénochrome – une hormone naturelle dérivée de l'adrénaline qui est fabriquée en grande quantité lors des périodes d'angoisse extrême. Cette adrénochrome serait une véritable drogue qui permettrait aux membres de cette « élite » de développer leur puissance psychique et de maintenir leur vitalité, voire leur jeunesse. Ainsi, la plupart des réseaux pédophiles utiliseraient les enfants à des fins sexuelles, mais surtout hormonales (adrénochrome) et énergétiques.

Diverses sources affirment que des races extraterrestres (ET) collaboreraient (dirigeraient ?) avec des gouvernements humains, et leur transmettraient une partie de leurs connaissances[2]. Cela aurait commencé pendant la Seconde Guerre mondiale avec les nazis en Allemagne, qui auraient développé une technologie de soucoupes volantes utilisant des moteurs à antigravité. Voyant leur fin arriver, ils les auraient cachées dans des bases secrètes situées en Argentine et en Antarctique. À la fin de la guerre (1946-1947), les Américains auraient envoyé une expédition (opération Highjump), sous les ordres de l'amiral Richard Byrd, pour récupérer ces inventions et en finir avec le nazisme. Celle-ci se serait soldée par un grave échec. Par la suite, une coopération se serait développée entre les États-Unis et les nazis (IVe Reich), avec l'aide de certains ET (les Nordiques, notamment) qui auraient permis la réalisation d'engins spatiaux évolués, capables de se déplacer sur la Lune, sur Mars et dans l'espace lointain. Des bases humaines y auraient été créées. Les échanges auraient porté également sur d'autres technologies concernant notamment la santé (comme les *med beds*[3] capables de soigner n'importe quel malade en quelques minutes), les cures de rajeunissement, le clonage, les voyages dans le temps, etc. Tout ce savoir serait actuellement détenu par un petit groupe d'« élites » humaines – les Illuminati et leurs groupes humains vassaux.

---

2. Michael E. Salla, *Programmes spatiaux secrets et alliances extraterrestres*, Ariane, 2016.

3. « Lits médicaux ».

Les autres grandes nations n'auraient pas été en reste, et auraient développé également des technologies avancées, avec l'aide d'autres races extraterrestres, et en les copiant sur des engins écrasés sur leur sol, comme cela fut le cas pour les États-Unis à Rosewell en 1947.

En définitive, il se serait développé, au fil du temps, deux sociétés : une qui est celle que nous connaissons, et l'autre qui posséderait des technologies avancées d'origine exotique (ET)... Une sorte d'État dans l'État, totalement indépendant des gouvernements pour la plupart. Quoi qu'il en soit, si tout cela s'avérait juste, il serait difficile de s'y retrouver, parce que des alliances auraient aussi été réalisées entre certains États pour créer une flotte spatiale terrienne, alors que d'autres ont évolué pour leur propre compte, comme les nazis avec la flotte noire.

Il y aurait beaucoup d'échanges entre ces ligues (humaines) et les extraterrestres, où seraient échangées des techniques exotiques contre des matières premières (l'or semble important) et des êtres humains vendus en esclavage.

Ainsi, beaucoup de races extraterrestres tourneraient autour de la Terre. Elles y auraient des bases (ainsi que sur la Lune, Mars, Cérès, Europe et autres), et interviendraient plus ou moins sur les affaires terrestres. Il y en aurait des gentilles (plus ou moins) et des méchantes ! Certaines seraient humanoïdes ; et d'autres, reptiliennes ou autres. Il y aurait aussi des hybrides (humains-extraterrestres) et même des IA. Certaines se seraient associées pour former des fédérations et des confédérations. Nous pourrions ajouter à cela celles qui viennent d'autres dimensions, voire du futur (?), et aussi des races humaines intraterrestres (IT) descendant d'antiques civilisations (lémuriennes, atlantes, hyperboréennes, etc.) qui vivraient dans d'immenses cavités souterraines.

Comme vous le constatez, il y a de quoi s'y perdre ! Cependant, si nous voulons rester pragmatiques, il faut accepter l'idée que des races extraterrestres interviendraient sur la Terre et sur son devenir. Certaines collaboreraient avec les gouvernements en place et avec des groupes humains occultes, à tel point qu'il devient difficile de dire qui contrôle qui ! Mais, en subodorant la puissance de ces races ET, il est assez facile de savoir qui tient les rênes.

Si ces présences extraterrestres étaient avérées – comme cela est probable –, nous pouvons nous demander ce qui les attire sur notre planète... Pour certaines, c'est peut-être la curiosité (nous devons être une planète bien étrange à leurs yeux) ; pour d'autres, le commerce (de matières premières et d'êtres humains) ; et pour d'autres encore, la domination (possession de la Terre et de son cheptel humain). Or leur présence sur Terre n'est pas nouvelle, comme semblent l'attester les textes sumériens qui décrivent une race extraterrestre reptilienne (les Anunnakis) qui aurait asservi l'humanité de l'époque. Il serait possible que celle-ci ne soit jamais partie, et qu'elle continue de contrôler l'humanité au travers d'hommes de paille qu'elle récompense pour services rendus, avec de la gloire et de l'argent.

Présenté ainsi, l'échiquier devient immense ; et l'humanité (et la Terre) en est l'enjeu. Heureusement, des races extraterrestres nous viennent en aide, sans parler des Êtres de lumière. Ils permettent de maintenir un relatif *statu quo*. Mais il faut savoir qu'une véritable guerre se déroule actuellement – tant sur les plans énergétiques que planétaire et stellaire. Elle s'ajoute aux tensions géopolitiques que nous connaissons. Dans tout cet imbroglio, il faut considérer que les buts et les intentions de chacun ne sont pas toujours ce que nous croyons ni ce qui nous est présenté.

Quoi qu'il en soit, si une race extraterrestre domine la Terre actuellement ou cherche à le faire, il est évident qu'elle ne souhaite pas que les êtres humains ouvrent leur esprit (grâce aux nouvelles énergies) et prennent conscience de leur pouvoir psychique, parce qu'alors elle ne pourrait plus avoir de prise sur eux. Par l'intermédiaire de leurs hommes de paille (politiques et financiers, État profond), elles tentent par tous les moyens de perturber les esprits en envoyant fléau sur fléau (propagande, pandémie, guerre, cataclysme, 5G, etc.). Ce procédé leur permettrait à la fois d'empêcher l'avancement de l'humanité vers la lumière et de diminuer drastiquement la population, afin de mieux la contrôler. Si ces extraterrestres arrivaient à leurs fins, le piège se refermerait sur l'humanité pour longtemps.

Mais ces extraterrestres semblent avoir perdu beaucoup de leurs alliés et de leurs soutiens, ces derniers temps. Ils paraissent actuellement aux abois, parce qu'ils ont perdu beaucoup de leur pouvoir. Ils n'en sont pas moins dangereux. Heureusement, de nombreuses bonnes volontés œuvrent contre eux : des gouvernements (tous ne sont pas corrompus), des groupes humains, des ET, des IT, des êtres d'autres dimensions et des Êtres de lumière. Il ne reste plus qu'à ouvrir les esprits humains, et la bataille sera gagnée !

La dualité

Il est possible de regarder les événements en cours (même sans tenir compte de la théorie complotiste) de manière différente. Car le hasard n'existe pas. Aussi, si de manière concomitante sont apparus ces problèmes géopolitiques et l'élévation du niveau vibratoire de la Terre, ce n'est pas une coïncidence !

Les êtres humains sont ainsi tiraillés entre deux extrêmes :

– Les événements négatifs, qui surviennent quasi quotidiennement dans le monde : pénuries, inflation, menace de chômage, pandémies, cataclysmes, guerres, etc. Ainsi que ceux qui menacent de survenir : guerre nucléaire, inversion des pôles, sécheresse, désertification, etc. Ces derniers ont tendance à les pousser vers le bas, vers la peur, l'angoisse, la jalousie, l'agressivité, l'intolérance, l'égoïsme, etc.

– L'élévation du nouveau vibratoire de la Terre, qui leur propose d'élever leur vibration, et ainsi leur esprit et leur conscience. Elle les pousse vers des considérations élevées, comme la compréhension, le pardon, la tolérance, le partage, la justice, l'équité, la compassion... Intuitivement, tout notre être y aspire, parce que ces sentiments répondent à nos aspirations profondes.

Ainsi sommes-nous à la croisée des chemins. Le choix doit se faire d'abord au niveau personnel. Le nombre des personnes ayant choisi telle ou telle option déterminera le choix collectif.

Chacun est libre de son choix, mais est responsable de ses conséquences. Alors, que choisissons-nous ? Voulons-nous vivre dans une société :

– matérialiste, qui sera différente de celle que nous avons connue... Un monde probablement multipolaire, avec une pollution croissante et une exploitation intensive des ressources de la Terre (et des fonds sous-marins) et des planètes limitrophes (Mars, etc.), voire sans doute une surveillance intensifiée des individus ;

– moins industrialisée qu'aujourd'hui, où la technologie ne servirait qu'aux besoins essentiels, avec des individus libres de développer leurs talents et leurs aspirations dans le respect des autres et de la nature. Ce monde peut sembler utopique à certains ; pourtant, il est devenu à notre portée grâce aux événements universels en cours actuellement (élévation vibratoire générale).

À chacun de chosir sa voie. Il faut, cependant, savoir que le monde va changer, d'une manière ou d'une autre. Donc, croire qu'un jour nous pourrons reprendre les habitudes rassurantes qui dominaient nos vies jusqu'en 2019 est une erreur. Le futur sera différent du passé. Aussi est-il temps d'expérimenter quelque chose de novateur... Nous avons vu où conduisaient le matérialisme, la compétition, la recherche d'évolution sociale, le désir de domination... La guerre et la force ont dominé le monde, pendant des siècles. Elles n'ont apporté que ruines et désolation. Avec le temps, tous les empires se sont écroulés les uns après les autres... Et si, maintenant, nous voyions (imaginions) un autre avenir fait de beauté, de grandeur et de luminosité ?

La dualité a toujours été présente dans notre univers et dans notre vie. Mais, avec les événements actuels, elle n'a jamais été aussi marquée. Chaque individu est placé devant ce choix de société... Certains n'en ont pas encore pris conscience et suivent les directives sans se poser de questions. Mais cela aussi constitue un choix.

La relativité de la situation

Dans la vie, il n'y a jamais de mauvais choix. Il y a ceux qui nous rendent heureux et nous conduisent dans la lumière, et ceux qui répondent à nos penchants égoïstes et dominateurs et qui vont satisfaire notre ego. Dans la deuxième situation, nous allons, avec le temps, nous apercevoir de notre erreur, et comprendre. Si nous sommes assez ouverts, nous changerons de direction pour revenir dans la lumière. Ainsi n'y a-t-il pas de mauvais choix. Comme disait Nelson Mandela : « Je ne perds jamais ; soit je gagne, soit j'apprends. »

Si des personnes ratent l'opportunité qui leur est offerte avec les nouvelles énergies, ce n'est pas grave. Une autre se présentera pour elles, plus tard, dans quelques siècles (millénaires ?), après quelques réincarnations ! Nous avons certainement dû manquer bien des occasions dans nos vies antérieures… Aussi, évitons tout jugement. Ce qui ne doit pas nous empêcher d'aider les autres à ouvrir leur esprit et à élever leur vibration – s'ils le souhaitent.

Si nous sommes aussi nombreux aujourd'hui sur cette Terre, c'est probablement parce que beaucoup d'âmes ont choisi de s'incarner durant cette période particulière pour tenter de bénéficier de ce passage, de cette évolution proposée, qui les fera avancer de manière spectaculaire sur le chemin vers la lumière. Mais, le voile de l'oubli s'interposant lors de l'incarnation, beaucoup ont oublié pourquoi ils sont venus. Il est important de le leur rappeler.

Ainsi avons-nous choisi de nous incarner dans ce monde et durant cette période parce qu'elle nous apporte les meilleures opportunités pour comprendre, avancer et évoluer. Il ne faut donc pas tomber dans la rancœur par rapport aux événements, aux dirigeants, voire à l'État profond (si nous y croyons), parce qu'ils nous poussent toujours plus loin dans nos retranchements, avec leurs lois liberticides et leurs menaces de crises… Ils nous poussent à réfléchir sur ce que nous voulons. Autrement, nous resterions enfermés dans nos petites habitudes faussement rassurantes.

Tout est juste et ordonné dans en ce bas monde.

Donc, pas de jugement, pas de rancœur, pas d'agressivité envers la société et envers nos gouvernants… Occupons-nous de nous.

Le reflet de notre intérieur

La loi d'attraction explique que deux énergies de même fréquence s'attirent. Sur ce principe, nos pensées attirent à nous des situations du même acabit. Les pensées positives apportent un monde harmonieux ; et les délétères font venir un monde de souffrance.

En changeant nos pensées, notre environnement change – ce qui peut paraître impensable de prime abord. Ce n'est qu'en pratiquant que nous nous rendons compte de la pertinence de ce changement. Ainsi les difficultés que nous rencontrons à titre individuel et collectif perdent-elles de leur importance. Elles sont toujours là, mais ne présentent plus, pour nous, la même charge émotionnelle.

La loi d'attraction concerne aussi bien nos vies personnelles que les événements planétaires. L'extérieur est le reflet de notre intérieur ! Ce phénomène s'est encore majoré, ces derniers temps, avec l'évolution de notre puissance psychique.

Cela nous montre le travail intérieur – c'est-à-dire tout le nettoyage de notre esprit – que nous avons à faire. Chaque situation désagréable est, pour nous, une occasion d'éliminer des croyances et des vécus erronés qu'elle a amenés dans notre vie. Ho'oponopono nouveau[4] est d'une grande aide pour les éliminer.

Les événements de l'actualité – qui sont, pour la plupart, négatifs – nous indiquent les endroits de notre part d'ombre qui sont à nettoyer. Ils ont donc leur utilité. C'est aussi une explication (entre autres) des événements nationaux et internationaux difficiles qui surviennent conjointement à l'élévation du NTV. Ils sont là pour nous secouer, pour nous inciter à développer notre sens critique et notre esprit, mais aussi pour nous indiquer les zones d'ombre de notre être qu'il nous faut transmuter afin d'accéder à la 5D.

Cette purification de notre esprit est le premier temps de notre élévation vibratoire, comme nous le verrons. En effet, pour monter, il faut que nous éliminions les boulets que nous traînons aux pieds : conflits, jalousie, rancœur, dévalorisation, agressivité, etc. Ensuite, l'ascension sera aisée.

---

4. Luc Bodin, *Ho'oponopono nouveau*, Guy Trédaniel éditeur, 2016.

La réunion de l'ombre et de la lumière

L'étape suivante sera la réunion (l'union) des forces de la lumière et de l'ombre, qui sont toutes deux des émanations de notre être – comme le yin et le yang. La lumière présente toujours une part d'ombre et l'ombre, une part de lumière. Comme le disent les Chinois : il y a toujours du yin dans le yang et du yang dans le yin. Nous avons les défauts de nos qualités et les qualités de nos défauts. Une situation peut ainsi être bonne dans certains cas et mauvaise dans d'autres. Le bon et le mauvais sont relatifs, comme l'ombre et la lumière.

Il n'est pas possible de détruire notre part d'ombre qui fait partie intégrante de notre être. Ce serait combattre une part de nous. L'harmonie se trouve dans l'équilibre entre notre ombre et notre lumière et non dans l'hégémonie de l'une ou de l'autre.

Accepter notre part d'ombre et la réunir avec notre lumière nous permettra de vivre dans la paix… Nous sortirons du cycle infernal de la dualité ; ce qui ne signifie pas qu'il ne faudra pas toujours tenter de se parfaire – voire de s'opposer aux actions délétères… Mais nous serons alors dans le non-jugement, la compréhension et la tolérance. Cette position nous apportera la sérénité et l'élévation de notre être… Nous serons prêts alors à passer dans une autre dimension.

LA TRANSITION

Bilan de la situation actuelle

Il a toujours existé des prévisions de fin du monde, comme celles développées pour l'an mille, pour l'an 2000 ou pour le 12 décembre 2012. Les mythes racontent également des histoires de civilisations qui auraient disparu à la suite d'immenses cataclysmes, comme cela aurait été le cas de la Lémurie et de l'Atlantide. Il y a aussi le météore qui serait tombé sur la Terre, qui aurait entraîné la disparition des dinosaures, et le déluge qui aurait détruit une grande partie de l'humanité... Toujours est-il qu'un grand nombre de prophéties semblent pointer sur notre époque, notamment celles de saint Malachie, des Indiens Hopis, de saint Jean de Jérusalem, de Peter Deunov..., pour ne parler que de celles qui semblent les plus sérieuses. Elles suggèrent que l'humanité arrive à un tournant important de son histoire, et que de grands bouleversements se produiront avant l'arrivée d'un âge d'or.

Par ailleurs, de nombreux films évoquent des cataclysmes destructeurs menaçant l'humanité : météore géant, changement climatique, éruptions volcaniques, guerres nucléaires ou bactériologiques, apparition de zombies... Ces événements sont souvent présentés comme des punitions de l'homme pour ses erreurs.

Cependant, quelques optimistes voient plutôt, dans l'avenir, des changements bénéfiques pour l'humanité, qui lui permettront de repartir sur des bases novatrices. Cette idée est alimentée par certaines prophéties qui décrivent qu'une grande période de paix et de prospérité pour les habitants de la Terre surviendra après l'apocalypse (du moins, pour les survivants). Pour les uns, celle-ci durera mille ans et se produira sur la Terre ; pour d'autres, elle se développera dans la 5e dimension.

À côté de cela, la réalité actuelle semble montrer que les prédictions de fin du monde ne sont pas dénuées d'une certaine véracité. Car il est évident que la société humaine semble extrêmement fragile. Or de graves événements planétaires la menacent. Les crises actuelles n'en seraient que les prémices.

Les problèmes peuvent arriver de partout : crises économiques, guerres, pandémies, problèmes écologiques, accidents nucléaires, désordres sociaux, pollution, manque d'eau, disparition des matières premières, déforestation, désertification des terres et des mers, élévation du niveau des mers, pénuries, baisse de la production agricole, surpopulation… La crainte d'une fin du monde – ou du moins d'une fin de notre société – est à notre porte. Malgré cela, elle continue aveuglément de suivre la même direction (jalousie, intolérance, agressivité…), bien que la plupart des projections réalisées pour l'avenir soient très pessimistes pour les êtres humains comme pour la Terre. Des traités internationaux sont bien signés. Mais la lenteur de leurs tractations et de leur mise en place les rend peu efficaces.

Aux événements d'origine humaine s'ajoutent ceux provenant de la planète qui est devenue particulièrement instable : augmentation du nombre et de l'intensité des catastrophes, menace d'inversion des pôles, mouvement des plaques tectoniques, baisse du champ magnétique terrestre, réchauffement général, fonte des glaces polaires…

Parallèlement à ces événements inquiétants, des énergies puissantes arrivent de l'espace depuis quelques décennies. Elles augmentent en fréquence et en intensité de manière impressionnante, ces dernières années. Elles ont entraîné une élévation du NVT qui atteint des sommets actuellement. Il est impossible de savoir jusqu'où il ira. Mais il est certain qu'arrivera un moment – un point bascule – qui fera passer la Terre et ses habitants dans une nouvelle dimension.

Toutes ces modifications agissent sur les êtres humains, tant physiquement que psychologiquement et énergétiquement.

Sans être devins, nous pouvons constater que nous sommes dans une grande période de turbulences. Une fois celle-ci traversée, les prophéties et l'élévation du NTV semblent indiquer que l'humanité connaîtra un profond changement, avant un âge d'or par son passage dans la 5D. En attendant, nous devons traverser cette phase difficile – qui constitue une transition entre deux mondes – et nous préparer pour suivre ce mouvement universel qui nous promet des merveilles, tant à l'échelon individuel que collectif.

Que va-t-il se passer ?

La période de transition que nous traversons peut se passer plus ou moins facilement, selon nos pensées et nos actions. Nous pouvons distinguer :

- **La thèse catastrophique.** La Terre subirait une grande catastrophe qui entraînerait la destruction de la civilisation et de la quasi-totalité de l'espèce humaine. L'origine de ce fléau peut être naturelle (météore, éruption solaire, inversion des pôles, etc.) ou humaine (guerre atomique, crise alimentaire, révolution…). Certains parlent même d'une invasion extraterrestre !

Au lieu d'un grand cataclysme, il pourrait se produire une succession de désastres plus modestes, mais dont l'accumulation finirait par détruire l'humanité.

- **La thèse évolutionniste.** Les nouvelles énergies entraînant une ouverture des esprits, les êtres humains prennent conscience des conséquences de leurs actes et de la puissance de leurs pensées. Ils deviendraient plus responsables ; ce qui entraînerait un changement des mentalités. Des mesures internationales seraient prises pour que, tous ensemble, nous traversions cette période de transition avec le moins de dommages possible.

Les deux thèses ne s'excluent pas l'une l'autre. Elles peuvent tout à fait s'intriquer.

Il ne faut pas oublier que l'humanité a déjà connu, dans le passé, bien des situations dramatiques : deux guerres mondiales qui ont été extrêmement sanglantes ; des séismes qui furent très meurtriers ; des crises économiques qui ont apporté de grands bouleversements ; des révolutions qui se sont produites partout sur la Terre ; des épidémies comme la peste qui a, autrefois, tué la moitié de la population en Europe... Chaque fois, l'humanité a survécu, et le monde a continué de tourner.

Dans d'autres cas, une prise de conscience des dirigeants et des populations a réussi à écarter *in extremis* des menaces de destruction massive, comme ce fut le cas pendant la guerre froide où une guerre nucléaire a failli être déclenchée à plusieurs reprises.

Ainsi, même si la menace d'événements graves est importante aujourd'hui, elle peut toutefois être évitée si la (bonne) volonté de chacun œuvre pour la paix et le bien-être de tous. Cela dépend entièrement des êtres humains et de leurs dirigeants. Face à l'adversité, les êtres humains ont toujours réussi à s'unir pour y faire face. Nous pouvons espérer que cela sera le cas une nouvelle fois.

Quand cela surviendra-t-il ?

Il est difficile de donner des indications concernant la date des événements à venir. Car une prédiction n'est qu'une extrapolation de la situation existante au moment où elle est réalisée. Il s'agit, en quelque sorte, de l'avenir le plus probable à un instant déterminé. Mais si, dans le temps situé entre le moment où la prophétie a été effectuée et sa réalisation, des événements inattendus surviennent, la prédiction peut devenir caduque ou être reportée à une date ultérieure. L'évolution suit alors une autre ligne du temps.

Nonobstant, tout s'accélère actuellement : les crises, l'inflation, les pénuries, les guerres et les révolutions, les pandémies, les tensions internationales, les cataclysmes, le déplacement des pôles, la montée des eaux, le réchauffement planétaire, l'activité solaire... Tout cela tend à démontrer que nous arriverons bientôt à une fracture. Cela devrait se produire dans les années (décennies ?) qui viennent... Cela semble être corroboré par des prophéties comme celles de saint Malachie ou de saint Jean de Jérusalem, mais également par la montée du NVT qui ne pourra pas continuer de s'élever sans produire des effets sur notre planète et sur notre humanité.

La transition

Nous vivons une période de transition entre deux mondes, correspondant à une période de changement de fréquences. Pour les humains, il s'agit d'une période d'adaptation durant laquelle ils doivent se nettoyer du passé et ouvrir leur esprit, afin de suivre le mouvement vers la lumière qui leur est proposé. Cette phase de transition se passera plus ou moins bien selon leur attitude, tant au niveau individuel que collectif. Ce sont les personnes qui ne changeront pas, qui n'élèveront pas leur vibration, qui seront les plus à plaindre, si nous en croyons Peter Deunov (1864-1944) : « La Terre sera bientôt balayée par les ondes extraordinairement rapides de l'Électricité cosmique. D'ici quelques décennies, les êtres mauvais et fourvoyés ne pourront supporter leur intensité. Ils seront alors absorbés par le Feu cosmique qui consumera le mal qui les possède. »

Rien n'est jamais écrit, et l'avenir nous appartient – c'est-à-dire qu'il dépend de chacun de nous. Ce qui est sûr, en revanche, c'est qu'**un changement universel et planétaire est en cours – il est inéluctable –, et que son développement se fera dans les prochaines années, quelques décennies tout au plus… Avec ou sans nous.**

Afin de mieux supporter la transition, nous devons garder en mémoire que l'humanité se dirige vers un monde merveilleux. Comme disait encore Peter Deunov : « C'est la fin d'une époque. Un nouvel ordre va se substituer à l'ancien, un ordre dans lequel régnera l'Amour sur la Terre[1]. »

---

1. Peter Deunov, *Propos sur l'avenir*, 1944. Adaptation : Olivier de Rouvroy, septembre 2003.

LES CONSÉQUENCES SUR LES ÊTRES HUMAINS

Influence des nouvelles énergies sur les êtres humains

La transition que nous sommes en train de vivre constitue une période difficile de notre transformation, comme le papillon qui sort péniblement de son cocon. Elle s'accompagne possiblement de troubles dont certains proviennent du déséquilibre énergétique avec l'environnement, alors que d'autres sont liés à l'adaptation du corps aux nouvelles énergies. Au fur et à mesure que l'équilibre se rétablit, les symptômes s'amoindrissent – voire disparaissent.

Comme nous l'avons vu, l'être humain est d'abord énergétique avant d'être biologique. Il est vibration, comme tout ce qui se trouve dans l'univers. Il vibre sur un champ étendu de fréquences et se trouve placé dans un maelström d'énergies de toutes sortes. Par exemple, le vent et les rivières ne sont pas seulement des déplacements d'atomes et de molécules, ils sont de vastes champs de forces qui se meuvent et qui nous traversent. Ils nous nourrissent et nous informent. Pour demeurer en bonne santé, l'être humain doit demeurer en équilibre avec son environnement énergétique. Tout frein ou tout blocage dans le passage des énergies lui apportera, tôt ou tard, des perturbations au sein de son organisme ; ce qui favorisera la survenue de troubles, voire de maladies. C'est pourquoi l'homme est conçu pour vibrer à la même fréquence que son environnement, c'est-à-dire la Terre.

Les fortes énergies cosmiques qui arrivent actuellement produisent une élévation constante du niveau vibratoire de la Terre (NVT).

Elles peuvent aider aussi les humains à monter le leur, afin qu'ils demeurent au niveau de celui de la Terre.

Ces énergies sont des outils que nous pouvons utiliser pour élever notre niveau vibratoire, et ainsi suivre le mouvement universel qui est en cours.

Il existe des facteurs qui freinent notre adaptation. Les principaux sont :

- Beaucoup de personnes ne savent pas qu'il y a actuellement une élévation du NVT, et ne font rien.
- D'autres le savent, mais ne font rien, en espérant que les nouvelles énergies élèveront leur vibration pour elles.
- D'autres sont prises dans les problèmes de la vie quotidienne, dans la peur des événements actuels et l'insécurité qu'ils impliquent. Elles en oublient la montée vibratoire qui les appelle à ouvrir leur conscience... Ce qui leur permettrait de vivre l'actualité avec davantage de sérénité.
- D'autres préfèrent poursuivre leurs activités habituelles et profiter de la vie matérielle sans se préoccuper d'autre chose.
- D'autres – conscientes de l'élévation du NVT – tentent d'élever leur vibration, mais, là encore, la situation nationale et mondiale ralentit leur mouvement... Sans oublier que l'élévation très rapide de la Terre n'est pas simple à suivre.

Quoi qu'il en soit, l'arrivée des énergies cosmiques présente deux conséquences :

- Elles poussent les êtres humains à élever leur niveau vibratoire personnel. Les troubles physiques et psychiques pouvant être engendrés durant cette transition sont liés à l'adaptation aux nouvelles fréquences. Mais, étant donné que ces dernières ne cessent de croître, ces symptômes ont tendance à persister ou à récidiver, notamment lors des poussées vibratoires. Ils touchent principalement les personnes de bas niveau vibratoire, les hypersensibles et, d'une manière générale, celles qui ne font rien pour s'élever.

– Elles font naître, chez les êtres humains, de nouvelles capacités et de nouveaux talents qui sont, pour le moment, en jachère, mais qui ne demandent qu'un peu de pratique pour se développer.

Les symptômes engendrés

Les déséquilibres énergétiques entre l'extérieur et l'intérieur des individus engendrent des troubles dans leur corps physique et dans leur esprit. Au début, ceux-ci se traduisent par des désordres de type fatigue ou stress, ainsi que par des perturbations fonctionnelles comme des palpitations ou des spasmes digestifs. Mais, à la longue, ils peuvent favoriser de véritables problèmes de santé. Dans cette situation, ils n'en sont que des cofacteurs qui s'associent aux autres causes pour déclencher des pathologies. Quoi qu'il en soit, les problèmes de santé seront d'autant plus marqués que la différence entre le niveau vibratoire de la Terre et celui de l'individu sera grande et persistante.

Dans un premier temps, l'élévation vibratoire de la Terre produit des symptômes légers sur les personnes. Ceux-ci peuvent, bien sûr, être dus à d'autres causes, comme nous venons de l'évoquer. Cependant, ils se retrouvent chez un grand nombre de personnes actuellement ; ce qui fait penser que l'élévation vibratoire y est pour quelque chose. Pour le confirmer, les personnes hypersensibles les ressentent plus fortement. Ces problèmes sont davantage marqués lors des poussées vibratoires, comme il s'en produit au moment des pleines lunes, des éclipses ou des alignements planétaires.

Les symptômes sont variables d'une personne à l'autre. Nous pouvons cependant lister les plus communs :

- Une **fatigue** est souvent le premier symptôme. C'est la plainte la plus fréquente des patients lors des consultations médicales. Elle rend les activités de la journée plus pénibles, demandant un effort pour être accomplies. Elle se répercute sur la qualité du travail et s'accompagne d'un besoin de dormir plus longtemps, voire de faire la sieste.
- Des **troubles de la concentration**, des troubles de la mémoire, des désorientations transitoires..., avec des difficultés pour trouver des mots, et surtout des noms ou des titres de livres, de films... Les personnes peuvent avoir des moments passagers où elles ne savent plus où elles se trouvent, ou encore la date du jour. Tout cela peut entraîner des difficultés à se concentrer sur son travail, sur sa lecture – voire, aussi, sur sa conduite automobile. Ces symptômes transitoires sont très déconcertants, et peuvent survenir chez des personnes jeunes.
- Des **troubles du sommeil** qui se caractérisent par des difficultés d'endormissement, des réveils fréquents durant la nuit (qui peuvent durer jusqu'à une ou deux heures sans raison), un besoin de dormir plus longtemps, et des réveils matinaux fatigués. Cela peut être, au contraire, un sommeil très profond, mais qui n'est pas réparateur.

Les temps de sommeil sont des périodes qui permettent au corps de s'équilibrer et de s'harmoniser aux énergies environnementales ; mais ils assurent également la digestion, par l'esprit, des événements. Ils sont donc importants, dans la période actuelle.

- Des **vertiges**, des étourdissements ou des pertes de l'équilibre, qui sont généralement légers et passagers. Ils peuvent apparaître dans toutes les positions : couché, assis ou debout. Ils ne durent que quelques secondes. Ils sont dus aux changements vibratoires (notamment, lors des poussées), mais aussi aux perturbations du magnétisme terrestre.
- Une **grande émotivité**, qui se traduit par des réactions intenses face aux événements, des pleurs faciles, des tristesses soudaines, mais aussi un stress injustifié, des angoisses sans raison, des troubles du sommeil et une irritabilité.
- Un **stress** est fréquent. Il se caractérise souvent par une fébrilité, une impatience, voire un **état d'excitation**. Il est aggravé par la fatigue et l'émotivité, mais, également, par les événements de la situation actuelle, qui prennent une ampleur excessive chez la personne concernée. C'est favorisé, d'une part, par les informations diffusées en boucle par les médias ; et, d'autre part, par un bas niveau vibratoire individuel.
- **Un manque de motivation**, une lassitude pour réaliser les tâches quotidiennes, les activités qui font plaisir habituellement et les distractions. Les personnes ont souvent la sensation que tout cela ne sert à rien, et que c'est futile et inutile. Cela peut être le signe d'une élévation de conscience qui tend à changer les paradigmes des individus.
- **De nombreux autres symptômes :**
  - Des pressions sur le haut de la tête, des lourdeurs, voire des maux de tête. Certains expliquent ce phénomène par l'ouverture de l'esprit (de la glande pinéale et du chakra coronal) qui se produit lors de cette transition.
  - Des sueurs nocturnes.
  - Des bouffées de chaleur.

- Des tremblements passagers.
- De petits essoufflements.
- Des démangeaisons sur le corps, et surtout aux yeux.
- Une soif plus importante.
- Des troubles de la vue : vue trouble, brouillée, accommodation difficile…
- Des sifflements d'oreilles.
- Une modification du goût.
- Des ongles et des cheveux qui poussent rapidement.
- Des acidités, des aigreurs, des nausées et des troubles digestifs : lenteur, ballonnements, troubles du transit, nausée, etc.
- Des palpitations.
- Des contractures et des courbatures, notamment au niveau de la colonne vertébrale et du cou.
- Des spasmes et des crampes.
- Une rétention d'eau.

Les symptômes sont donc nombreux, variés et non spécifiques. Ils peuvent, bien sûr, être expliqués par d'autres causes, notamment médicales. Cependant, dans le cadre qui nous intéresse, ils indiquent que l'organisme réagit aux changements de fréquences et tente de s'y adapter par une ouverture des chakras, une activation de la pinéale, une élévation vibratoire, une sollicitation énergétique des organes, une stimulation psychique, un réveil des conflits, une élimination des énergies perturbatrices, etc. Il convient de l'y aider, en suivant les conseils qui seront indiqués plus loin. Sinon, ces troubles persisteront – voire s'aggraveront –, pouvant ainsi favoriser la survenue de maladies.

Les maladies favorisées

Les diverses manifestations indiquées précédemment sont habituellement passagères, bien que souvent rémanentes. Cependant, chez certaines personnes, elles persistent. Au début, elles ne perturberont que légèrement le fonctionnement des organes, des hormones, du cerveau... Mais, si le déséquilibre énergétique persiste, et s'il est important, avec le temps, ces problèmes peuvent contribuer à favoriser de véritables maladies (en association avec les causes usuelles) comme :

- Un **syndrome de fatigue chronique** entraînant une diminution importante de la capacité à réaliser ses activités habituelles. La vie devient, alors, efforts et souffrances.
- Des **allergies**. Des expériences ont établi que certaines fréquences électromagnétiques étaient capables de déclencher une crise allergique, alors que d'autres l'arrêtent[1]. Cette expérience pourrait expliquer que le nombre de personnes allergiques s'accroît depuis quelques années partout dans le monde. Les estimations montrent qu'il y aura une personne sur deux qui sera allergique en France dans les prochaines années. La présence d'allergies est un indicateur que l'organisme peine à s'adapter à l'élévation vibratoire actuelle.
- Le **syndrome de l'intestin irritable** (SII), mais aussi les maladies inflammatoires chroniques de l'intestin (MICI) – rectocolite hémorragique et maladie de Crohn –, qui sont très répandues

1. C.W. Smith, R.Y.S. Choy, J. Monro, « Water-friend or foe? », *Laboratory Practice*, 34 (10), p. 29-34 (1985). C.W. Smith, S. Best, *Electromagnetic Man (Health & Hazard in the Electrical Environment)*, J.M. Dent & Sons Ltd., London, 1989.

de nos jours. Elles se caractérisent par une irritation de la muqueuse intestinale, une destruction de la flore et une hyperperméabilité intestinale (dysbiose), qui laisse entrer les polluants (pesticides et autres), les toxiques (métaux lourds) et les germes dans l'organisme. Ce phénomène est à l'origine, notamment, de maladies auto-immunes (polyarthrite rhumatoïde, thyroïdite de Hashimoto, sclérodermie...), de candidoses et d'infections chroniques.

- Des **problèmes de surpoids** consécutif au stress (grignotage), aux problèmes intestinaux et aux désordres hormonaux. Sous un autre aspect, la graisse permet de stocker l'énergie reçue. Elle sert aussi de tampon entre les énergies intérieures et extérieures du corps.
- Des **phobies**, des **dépressions**, voire des **psychoses** (schizophrénies, paranoïas)... qui deviennent de plus en plus fréquentes, notamment chez les jeunes.
- Des **maladies neurologiques et neurodégénératives**, comme la maladie de Parkinson, la maladie d'Alzheimer, la sclérose en plaques, la sclérose latérale amyotrophique..., à cause de l'inflammation chronique des neurones, induite par les nouvelles vibrations de fréquence plus élevée sur le cerveau. Nous pouvons également évoquer des maladies comme la fibromyalgie et le syndrome des jambes sans repos.
- Des **cancers**. Certains auteurs évoquent que les disharmonies vibratoires pourraient induire des mutations génétiques (voir les explications plus loin) à l'origine de cancers.
- L'**électro-hypersensibilité** (EHS), qui est une nouvelle maladie, comme de nombreuses autres évoquées précédemment. Les champs électromagnétiques artificiels en sont la cause. Nous

pouvons parler aussi des **personnes électro-hypersensibles** aux énergies – y compris celles qui sont d'origine naturelle, comme les telluriques et les cosmiques.

Nous pouvons nous demander si l'augmentation importante des troubles chez les enfants[2] – comme ceux de l'attention, de l'apprentissage, du comportement ; mais également l'hyperactivité, l'obésité, les allergies, l'anorexie mentale, l'autisme, les HPI... – n'est pas liée (entre autres) au changement vibratoire de la Terre. La plupart de ces comportements pourraient être expliqués de deux manières :

- Soit ces êtres (enfants) sont déjà prêts pour le monde qui va survenir. Ces « anomalies » en seraient ainsi la manifestation.
- Soit ces « anomalies » leur permettent de s'adapter aux nouvelles énergies et préparent leur passage dans la future dimension.

Nous l'avons déjà dit, tous les troubles indiqués précédemment ne sont pas attribuables à la seule élévation du NVT. Cependant, un certain nombre d'entre eux sont d'apparition récente, et semblent coïncider avec les débuts du changement vibratoire. Quoi qu'il en soit, même si elle n'est pas la seule responsable, l'élévation de fréquence terrestre contribue – en cas de non-adaptation – à l'apparition de ces maladies, et pourrait expliquer le nombre grandissant de personnes qui en souffrent actuellement.

---

2. Impact-sante.fr, 18 février 2010.

L'épigénétique

L'épigénétique est une branche de la génétique qui étudie l'influence de l'environnement et des vécus des individus sur l'activité de leurs gènes. Ce processus ne change pas les gènes, mais il les ouvre ou les ferme – les rendant actifs ou inactifs – en fonction des circonstances. Ce processus est réalisé par la déméthylation ou la méthylation[3] d'une séquence de l'ADN ; ce qui a pour conséquence de la rendre active ou muette.

Il a été démontré que le stress, l'environnement (pollution), l'alimentation, la famine, le tabagisme, les chocs émotionnels, les fécondations *in vitro*, etc., sont capables de modifier l'activité des gènes des individus. Par exemple, « l'exposition précoce à la nicotine pendant la grossesse entraîne des altérations génétiques étendues qui, des années après la naissance, continuent d'altérer la connectivité cérébrale[4] » de l'enfant *via* un processus épigénétique.

De nombreuses maladies présentent (entre autres) une origine épigénétique, comme le cancer, le diabète, l'obésité, l'allergie, l'autisme, la schizophrénie, la maladie d'Alzheimer, etc. C'est-à-dire qu'elles sont liées à des modifications génétiques consécutives à des vécus ou à des anomalies présentes dans l'environnement. Or ces modifications génétiques sont transmissibles aux générations suivantes.

À côté de ces situations péjoratives, des changements positifs du mode de vie – une bonne alimentation, un exercice physique régulier, la méditation, etc. – sont capables de produire des phénomènes

---

3. Méthylation : ajout d'un groupe méthyl (radical monovalent CH3 dérivé du méthane) sur certaines bases nucléotidiques constituant un gène.

4. Dr Irène Drogou, « Tabac et grossesse : des effets bien au-delà de la naissance », 31 mai 2016, www.lequotidiendumedecin.fr.

épigénétiques positifs, c'est-à-dire de fermer des gènes de la maladie et d'en ouvrir d'autres, favorables à la santé, comme cela a été démontré sur des hommes atteints du cancer de la prostate[5].

Il est fort probable, pour ne pas dire certain, que les événements planétaires que nous avons vécus (et vivons toujours) – pandémies, guerres, pénuries, stress... – ont modifié négativement certains gènes de la population, notamment des enfants qui sont nés durant cette période.

Nous pouvons aussi nous poser la question de savoir ce que vont produire, au niveau (épi)génétique, les énergies cosmiques de plus en plus puissantes qui inondent les êtres humains depuis plusieurs décennies. Car les rayonnements cosmiques sont généralement nocifs ; ce qui ne semble pas être le cas des nouvelles énergies. En effet, étant donné qu'elles sont là pour nous aider à ascensionner, nous sommes en droit de penser que les modifications qu'elles peuvent générer sur notre génome ne peuvent être bénéfiques et favoriser notre élévation vibratoire. Elles pourraient même induire une transformation profonde (et positive) de l'humanité. Car, depuis toujours, l'univers conspire à notre naissance, à notre évolution et à notre transformation en tant qu'individus et humanité. C'est une de ces raisons d'être. Si ce n'était pas le cas, cela ferait bien longtemps que nous aurions disparu.

Certains auteurs avancent que, prochainement, les êtres humains seraient dotés d'un nouveau brin d'ADN, que nous en aurions trois au lieu de deux ! D'autres affirment même que nous en posséderions bientôt jusqu'à douze ; ce qui doterait l'humanité de superpouvoirs. Mais rien ne permet d'accréditer sérieusement ce genre d'allégation.

5. Étude GEMINAL, *Le Quotidien du médecin*, 20 juin 2008.

Le changement du rythme du temps

Le temps est encore une grande inconnue, pour la science. Nous savons qu'il est lié à la matière. Les deux vont de pair. Dans les dimensions de bas niveau vibratoire – comme l'était notre univers avant son évolution actuelle –, la matière et le temps étaient bien marqués. Mais, en passant dans des vibrations élevées – comme la 5D –, la matière et le temps seront plus légers et plus relatifs. C'est pourquoi, actuellement, avec l'élévation du NVT, nous pouvons percevoir des changements dans le défilement du temps.

Beaucoup de personnes font état que leurs journées semblent passer plus vite qu'auparavant. Cela leur donne l'impression de ne plus avoir assez de temps pour faire tout ce qu'elles désirent. Certaines estiment que les journées actuelles équivalent à 16 heures de celles d'autrefois. La raison en reviendrait à une accélération du temps. Mais il faut relativiser cette impression parce que nous avons des activités de plus en plus variées et aussi un nombre de plus en plus important d'informations à traiter. Ces deux phénomènes (accélération du temps et activités multiples) peuvent, d'ailleurs, s'additionner pour nous donner l'impression que le temps passe très vite et que les semaines et les mois défilent à grande vitesse. Alors, le changement dans le déroulement du temps est-il objectif ou subjectif ? Un peu des deux, probablement.

Des impressions de sauts dans le temps sont aussi possibles. Par exemple, lorsque nous réalisons une activité, nous avons quelquefois l'impression qu'il ne s'est passé que quelques minutes, alors que notre montre indique qu'une heure s'est écoulée.

Ces modifications dans l'écoulement du temps (plus rapide et saccadé) pourraient provenir du changement vibratoire actuel… – ce qui semblerait logique. Quoi qu'il en soit, ces changements temporels contribuent à aggraver la perturbation des organismes, parce qu'ils dérèglent l'horloge interne qui régule les temps de veille et de sommeil, mais aussi les sécrétions hormonales.

Des anomalies dans les enveloppes subtiles des êtres humains

Au niveau des corps énergétiques – les enveloppes subtiles – qui constituent l'être humain[6], il y a ébullition, parce qu'ils sont soumis directement à l'action des nouvelles énergies. Ce phénomène touche tous les corps :

- le corps physique ;
- le corps éthérique, qui jouxte le corps physique et qui en est sa réserve énergétique ;
- le corps astral, ou « corps des émotions » ;
- le mental, ou « corps de la conscience » ;
- le corps spirituel ;
- l'âme.

Les nouvelles vibrations agissent sur ces enveloppes, ce qui explique l'émotivité exacerbée, les changements psychologiques et l'évolution de conscience qui touchent l'humanité actuellement.

Beaucoup de personnes recherchent intuitivement à recevoir ces nouvelles énergies parce que, avec elles, elles se sentent bien et en harmonie. Ainsi, l'élévation vibratoire des individus – à des

---

6. Se reporter à Luc Bodin, *Le Grand Manuel de soins énergétiques*, Guy Trédaniel éditeur, 2019, pour plus de précisions.

niveaux divers – est courante. Celle-ci les pousse vers davantage d'amour, de compassion, d'altruisme et de spiritualité. Cela favorise également les contacts avec l'environnement et la nature, dont font partie les animaux et les plantes. Les personnes ont souvent l'impression de se retrouver reliées à leur environnement et de ne faire plus qu'un avec lui.

Des anomalies sur le plan énergétique apparaissent fréquemment, ces dernières années. Elles ont même tendance à s'accentuer :

- **Les corps subtils** sont de moins en moins centrés sur le corps physique. Cela donne l'impression qu'ils cherchent à quitter le corps physique, à s'élever. Cela produit des troubles de l'équilibre, mais aussi des organes en hyperfonctionnement (du côté du déplacement) et d'autres en hypofonctionnement (du côté opposé) ; ce qui peut avoir, à la longue, des répercussions sur l'état de santé des personnes.
- **La prise de terre** de la plupart des individus n'est pas bonne. Cela entraîne des difficultés à être « ici et maintenant ». C'est ainsi que beaucoup sont perdus dans leur passé, ou en train de se focaliser sur leur avenir.
- **De nombreuses pertes énergétiques** apparaissent, consécutivement à des trous dans les corps subtils qui induisent des fuites énergétiques. Ces phénomènes entraînent des baisses énergétiques pouvant conduire à des états de fatigue – voire, si elles persistent, à des troubles de santé. Ces pertes freinent aussi l'élévation vibratoire des individus.
- **La présence de nombreuses entités énergétiques.** Elles sont responsables de douleurs, de contractures, de spasmes, de crampes, de troubles (digestifs, urinaires ou gynécologiques...), de pertes de mémoire et de concentration. Ces entités se sont multipliées avec l'arrivée des nouvelles énergies. Il semble

qu'elles aient été quiescentes autrefois, et que les vibrations cosmiques les aient réveillées.

- **L'apparition de nouveaux chakras.** Les chakras tournent plus rapidement, et de nouveaux sont apparus. Ceux situés, pour la plupart, au-dessus de la tête contribuent à générer de nouveaux talents chez les individus[7].

  Au total, six nouveaux chakras se sont développés en même temps que le NVT s'élevait. Il y en a cinq au-dessus de la tête et un dernier sous les pieds.

  - **8e chakra :** de couleur dorée, correspond au sentiment d'unité… Unité de son être (physique, conscient, spirituel) et avec l'humanité.
  - **9e chakra :** de couleur blanche, correspond à la clairvoyance.
  - **10e chakra :** transparent, correspond à la télépathie.
  - **11e chakra :** de couleur platine, correspond à la téléportation.
  - **12e chakra :** de couleur arc-en-ciel, correspond à la supraspiritualité avec le Divin.
  - **13e chakra :** de couleur noire, correspond à la prise de terre.

Actuellement, de nombreux chakras sont peu ouverts ou ne fonctionnent pas correctement. Ce phénomène peut être responsable de perturbations, tant énergétiques que physiques et psychologiques.

7. Luc Bodin, *Développez vos talents subtils*, Guy Trédaniel éditeur, 2021.

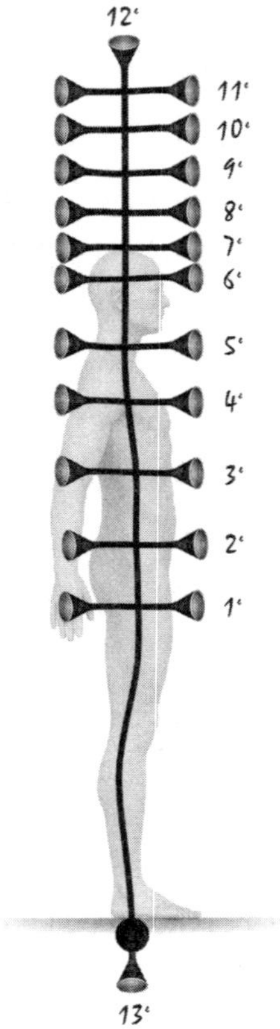

Les chakras principaux (anciens et nouveaux)

- **Des blocages dans la circulation énergétique** du corps, induisant des vides d'énergie sur certains organes et des excès sur d'autres, responsables de troubles dans leur fonctionnement.
- **Une glande pinéale encrassée**, qui bloque la communication avec les guides, le monde céleste et le Divin.
- **Une rupture au niveau du corps de la conscience entre les deux sous-corps qui le constituent** (haut et bas mental). Ainsi, l'esprit qui a perdu le contact avec la partie… se tourne vers la matérialité. Ce processus bloque de nombreuses personnes sur

le chemin de leur évolution. Elles sont comme figées sur leurs positions, voire intransigeantes, n'acceptant plus la discussion.

- **Des implants** sont aussi fréquemment retrouvés dans le corps des personnes. Ce sont des mini-émetteurs/récepteurs de taille nanoparticulaire pouvant transmettre et recevoir des informations... probablement erronées, parce que ces dispositifs ont été posés à l'insu des personnes. Ces implants pourraient provenir de l'air, de l'eau du robinet, des aliments ou autres... Quant à savoir qui en sont les commanditaires et pourquoi, c'est à chacun de trouver sa réponse.
- **Des incorporations et des possessions** par des défunts, et surtout par des entités négatives, induisent des changements souvent radicaux dans le comportement des individus, qui deviennent souvent nerveux, agressifs, intransigeants... Il semblerait que ce genre de manifestations soient plus fréquentes ces dernières années. Mais elles peuvent avoir d'autres origines, comme des troubles psychologiques induits par le stress, les peurs, les angoisses, les chocs émotionnels, le burn-out... qui peuvent conduire à des ruptures dans la personnalité. Les troubles énergétiques précédemment décrits peuvent être des facteurs favorisant ce genre de processus.
- **Les sorts et les envoûtements** sont également beaucoup plus nombreux qu'autrefois. Ceux-ci sont envoyés par des humains, ou des groupes mal intentionnés, pour nuire à d'autres individus.

Ainsi, d'abondantes anomalies énergétiques sont retrouvées actuellement dans la population générale. Elles peuvent générer des problèmes physiques, des désordres psychiques (attention, raisonnement, mémoire...) et un rejet de toute spiritualité. Une mauvaise adaptation à l'élévation vibratoire générale en est le facteur favorisant. Nous pouvons y ajouter le stress, le mode de vie moderne, mais aussi la peur et l'inquiétude liées aux événements que nous traversons. Certains évoquent aussi la pollution des vaccins injectés ces dernières années.

La perception d'autres dimensions

L'élévation vibratoire générale tend à rendre plus perméables les séparations qui existaient autrefois entre les différentes dimensions. Les mondes parallèles au nôtre peuvent ainsi plus facilement se manifester à nous. C'est pourquoi beaucoup de personnes entrent en contact avec des êtres vivant dans d'autres espaces-temps, des défunts, des élémentaux, des guides, des maîtres disparus, des extraterrestres…

De plus en plus de personnes se découvrent des talents de médiums ou de *channels*. Mais il convient de demeurer prudent et de garder son sens critique. En effet, les textes énoncés au cours des séances de *channeling* sont généralement beaux et pleins de lumière. Mais, au sein de ceux-ci, peuvent se cacher des fausses vérités qui en détournent le sens général et emmènent les personnes qui les écoutent sans discernement sur des voies fallacieuses. Comme le disait Edgar Cayce, qui pratiquait régulièrement cette technique : « Plutôt que l'écriture automatique ou le recours à un médium, essayez d'écouter votre voix intérieure. Si l'information passe par ce que vous avez sous la main, par l'écriture automatique, très bien. Mais attention à certaines influences extérieures. N'oubliez pas que l'univers, Dieu est à l'intérieur de vous. La communion avec les forces cosmiques de la Nature, c'est-à-dire avec le Créateur, est votre droit en tant qu'homme. Marchez avec lui, pas moins ! »

Ce conseil s'applique aussi aux directeurs de conscience (ou prétendus tels) qui montrent l'univers au travers de leur prisme personnel qui est souvent réducteur, voire fallacieux.

Aujourd'hui, avec les nouvelles énergies, tout le monde peut avoir des contacts directs avec le monde spirituel sans avoir à passer par des intermédiaires. Il est temps que les hommes s'émancipent et reconnaissent leur force et leur puissance intérieures.

De nouvelles perceptions

Avec les nouvelles énergies se sont développés de nouveaux talents dans l'humanité. Ceux-ci ne demandent qu'à être développés, si les personnes le désirent et surtout les pratiquent, parce que cela ne se fera pas tout seul[8].

Il y a d'abord les cinq sens habituels (audition, vue, odorat, goût, toucher) qui se modifient et s'exacerbent :

- Des **sons** jusqu'alors inaudibles deviennent perceptibles. Par exemple, des personnes perçoivent le chant des baleines ou des dauphins.
- Des **couleurs invisibles** commencent à être discernées, notamment les infrarouges et les ultraviolets. Ainsi voit-on maintenant deux bandes un peu sombres de chaque côté des sept couleurs des arcs-en-ciel.
- Des **impressions visuelles** se manifestent comme un mouvement ou une forme colorée passant dans le champ de vision, de manière furtive. Ce peut être des perceptions d'entités, présentes auprès de nous.
- De nouvelles **odeurs** de parfums ou de fleurs – voire de tabac ou de fumée.
- De nouvelles **sensations** commencent à être perçues aussi au niveau du goût, qui semble s'affiner.

---

8. Luc Bodin, *Développez vos talents subtils, op. cit.*

- Une **sensibilité exacerbée** au toucher. Ainsi, par exemple, tout le monde est capable maintenant – après quelques minutes de pratique – de ressentir les énergies et les enveloppes subtiles d'un individu, d'un animal ou autres.

De nouveaux « sens » sont apparus. Pour la plupart, ils sont liés aux nouveaux chakras dont nous avons parlé précédemment :

- L'**intuition** se développe de manière importante, fournissant des indications aux personnes sur les directions à choisir et les décisions à prendre.
- Le **ressenti** se développe également. Il se manifeste lors des rencontres et des situations du quotidien. Il sera aussi de plus en plus aisé de ressentir les émotions des autres, leurs sentiments, leur état d'esprit ou leurs souffrances.

De même, il est possible de ressentir, par exemple, si un produit, un aliment ou un appareil est bon ou nuisible pour nous, selon les manifestations qui apparaissent spontanément dans notre corps lorsque nous le prenons dans notre main ou le fixons du regard. Une impression désagréable, un mal-être ou une nausée sont autant d'indicateurs négatifs, alors que la détente, une sensation de bien-être ou de force sont plutôt positifs.

Nous ressentons de plus en plus les sentiments des animaux, mais aussi ceux des plantes présentes dans notre environnement.

- La **clairvoyance** permet de voir les choses au-delà des choses, mais aussi d'appréhender les conséquences de nos actes sur nous-mêmes et sur les autres, de lire dans les corps une pathologie existante, d'appréhender les meilleures décisions à prendre, et bien d'autres choses encore…, comme de recevoir des informations sur une personne que vous rencontrez à propos, par exemple, de sa santé ou d'une direction qu'elle devrait suivre dans sa vie. Le talent de clairvoyance aura de nombreuses répercussions sur notre comportement qui sont difficiles à appréhender aujourd'hui dans leur globalité.

- La **télépathie** se manifeste aussi avec de plus en plus d'intensité. Elle s'exprime déjà par le fait de savoir que telle personne va appeler avant même que le téléphone ne sonne, ou bien de savoir immédiatement qui appelle avant d'avoir entamé la communication. Mais cela ira plus loin, comme les impressions qui nous diront si la personne en face de nous est sincère ou non, ou bien si elle a quelque chose d'important à nous dire. Cela peut se présenter aussi sous la forme de mots ou d'expressions verbales que nous ressentons dans notre tête, comme si notre interlocuteur avait réellement parlé.
- La **téléportation** en esprit dans des lieux éloignés à l'état conscient, qu'il faut distinguer des sorties hors du corps qui concernent les déplacements des corps subtils.
- La **télékinésie**, qui est l'action de l'esprit sur la matière.
- La **communication animale et végétale**. Il est possible, par exemple, de ressentir la souffrance d'un animal qui a été malmené, ou d'un arbre qui a été taillé. Ces impressions deviendront de plus en plus fréquentes et intenses. Avec le temps et la pratique, elles s'affineront pour devenir une véritable communication entre deux consciences. Cela entraînera irrémédiablement des changements dans les comportements des êtres humains vis-à-vis de leur environnement. Un plus grand respect des animaux et des végétaux se développera ; ce qui changera considérablement notre société, mais aussi notre alimentation. Car il deviendra de plus en plus difficile de tuer des animaux pour les manger.

Bien sûr, ces manifestations sont légères et subtiles, du moins au début. Mais il est possible, d'ores et déjà, de les développer. Il faut savoir que ces perceptions sont souvent masquées par :

- **Le surmenage**, qui ne donne pas le temps de percevoir ses intuitions ou ses ressentis, par exemple lorsqu'ils se manifestent ;
- **Le stress**, qui parasite toutes les manifestations, la personne demeurant uniquement concentrée sur les causes de son anxiété ;
- **Le mental**, qui a tôt fait de « dire » devant ces manifestations qu'il s'agit d'une erreur, d'une fausse impression, que cela ne veut rien dire et qu'il ne faut pas en tenir compte.

Au-delà de ces nouvelles capacités, grâce à ces nouvelles vibrations, un élément important est en train de se développer chez tous les êtres humains (du moins ceux qui suivent le mouvement). Il s'agit de **l'ouverture de leur esprit et de leur conscience**. Elle se réalise de manière plus ou moins importante selon le comportement de chacun. Quoi qu'il en soit, elle tend :

- d'une part, à développer la puissance de leur esprit (pensée) qui aura ainsi des actions de plus en plus importantes sur leur entourage (individus) et leur environnement ;
- d'autre part, à ce que les humains, en élevant leurs esprits, changent de paradigmes... Qu'ils abandonnent les anciens (hégémonie, pouvoir, puissance...) pour en appliquer d'autres (tolérance, partage, équité, compassion...). La matérialité et les problèmes qui s'y rattachent n'auront plus la même importance. Le développement de l'être sera, par contre, au centre des préoccupations.

Cette pensée puissante – si nous sommes nombreux à la développer, et si elle est bien orientée par de nouveaux paradigmes – pourrait changer notre monde en douceur et plus ou moins rapidement[9].

---

9. Luc Bodin, *La Révolution de l'amour*, Guy Trédaniel éditeur, 2020.

Inévitablement, avec les nouveaux talents et les nouvelles capacités qui se développent, la société de demain sera obligatoirement différente de celle d'aujourd'hui. Cependant, de gros obstacles tendent à empêcher son déploiement, en maintenant les êtres humains dans la matérialité – certains diront « dans la soumission ». Nous sommes actuellement dans la situation de l'aiglon élevé par des poules, qui, durant toute sa vie dans le poulailler, voyait des aigles voler au-dessus de lui et qui rêvait d'en être un... Tout est fait actuellement pour nous pousser à croire que nous sommes faibles et que nous avons besoin d'une autorité pour nous défendre et nous diriger... Alors qu'aujourd'hui – plus que jamais – nous avons en nous toute la puissance nécessaire pour vivre libres et heureux.

En résumé

L'élévation du NVT peut induire des troubles (physiques, psychiques, émotionnels et énergétiques), notamment chez les personnes qui ne s'adaptent pas au changement énergétique. Ces désagréments tendent à disparaître lorsque la personne élève son niveau vibratoire.

D'un autre côté, l'élévation vibratoire des individus favorise l'ouverture de l'esprit et l'apparition de nouveaux talents. Ces derniers se développeront surtout lorsque le passage sera réalisé. Mais ils peuvent déjà se manifester avec un peu de pratique. Leur existence montre que la société de demain sera totalement différente de celle que nous avons connue. Il est bien difficile de dire ce qu'elle sera... Une chose est sûre, elle sera merveilleuse, si nous acceptons de suivre le mouvement universel qui nous est proposé.

COMMENT S'ADAPTER AU CHANGEMENT

Les trois clés de la transition

Le mouvement universel que nous vivons actuellement est inéluctable. Il se fera avec ou sans nous, comme nous l'avons souvent évoqué. Il correspond à un nouveau degré dans l'évolution de l'univers. Il nous est proposé de le suivre, individuellement et collectivement. Il nous pousse vers une ouverture de conscience et, ainsi, vers une société totalement novatrice faite de lumière et d'amour. Chacun est libre de le suivre ou non. Pour les personnes qui le désirent – si vous lisez ce livre, il est probable que vous en fassiez partie –, il est nécessaire qu'elles mettent en place, dès à présent, un changement dans leur vie. Celui-ci sera facilité par la présence des énergies cosmiques actuelles, qui les aideront dans cette direction. Ce chemin est celui de l'évolution personnelle, c'est-à-dire de la réalisation de son chemin de vie – celui que chacun a choisi avant son incarnation.

Pour s'adapter à l'évolution universelle en cours et aussi pour développer notre être, nous pouvons définir trois clés :

1. Accepter de changer et d'évoluer.
2. Effectuer un nettoyage de notre être, tant physiquement que psychologiquement.
3. Élever notre niveau vibratoire.

1re clé : accepter le changement

Que nous le voulions ou non, un changement est en cours. Cela a toujours été le cas. Hier a toujours été différent d'aujourd'hui. Comme l'aurait dit Bouddha, il n'y a qu'une seule constante dans l'univers, c'est l'inconstance. Penser que nous resterons toujours dans notre petit confort d'autrefois est une utopie savamment entretenue par les gouvernants. Hier est passé, et nous ne pouvons pas le changer ; demain est à venir, et nous ne pouvons pas le contrôler, tout au plus nous y préparer. Cependant, nous pouvons être sûrs que beaucoup de choses vont changer, avec, très certainement, une transformation complète de notre société, dans un sens ou un autre, selon ce que nous en ferons en tant qu'individus et que collectivité.

Le changement est à notre porte, pour plusieurs raisons :

- D'abord, parce que nous sommes tous venus nous incarner sur Terre pour comprendre, changer et évoluer – comme cela l'a toujours été.
- Ensuite, parce que les événements actuels (changements climatiques, élévation des mers, pandémies, guerres, crises économiques, etc.) sont en train de rebattre les cartes de l'équilibre mondial.
- Enfin, parce que les énergies cosmiques qui arrivent sur Terre montrent que l'univers est en train de franchir un nouveau degré de son évolution. Nous sommes invités à y participer, individuellement et collectivement. Celui-ci se fera tôt ou tard. La situation mondiale que nous vivons ne pouvant, au pire, que retarder l'inévitable.

Demain sera différent de tout ce que nous avons connu. Le mieux est de nous y préparer, et surtout de tout faire pour suivre le mouvement universel, parce qu'il nous promet une évolution fantastique qui nous aurait pris, autrement, de nombreuses incarnations. Une chance nous est ainsi offerte d'avancer rapidement. Beaucoup d'êtres – nous sommes plus de 8 milliards sur Terre – sont venus s'incarner durant cette période pour tenter de profiter de cette aubaine.

Comment faire ?

En premier lieu, il ne faut pas résister au changement en tentant de demeurer dans nos habitudes faussement rassurantes. La véritable vie se trouve en dehors de notre zone de confort. C'est précisément ce qui nous est demandé, aujourd'hui : sortir de nos habitudes, pour vivre pleinement notre existence, au lieu de demeurer sclérosés dans notre train-train quotidien sans nous poser de questions.

De plus, il convient de ne pas dramatiser et de ne pas être obnubilés par le plan matériel. Car personne ne peut dire quand et comment la transition va se faire. Cela peut se faire dans la paix et la tranquillité, ou bien dans le danger et la destruction. Cela peut avoir lieu demain ou dans plusieurs années.

Sur un plan pragmatique, la région où vous vivez peut demeurer indemne ou, au contraire, être touchée par des événements à venir. Il peut être nécessaire de vous déplacer rapidement pour fuir certains incidents (cataclysmes, guerre, épidémie…). Le danger peut aussi venir du ciel (pluie diluvienne, météore), de la mer (tsunami), voire de la terre (séisme)… Aussi est-il impossible de se prémunir contre tous les dangers potentiels… Et il ne faut pas tomber dans la phobie ou la paranoïa. **Une confiance en la vie est indispensable.** Celle-ci peut parfaitement influer sur votre destin, comme cela s'est passé pour cette religieuse qui s'est mise à prier, à genoux, derrière un muret au moment de la bombe d'Hiroshima, et qui a survécu miraculeusement…

Il est tout de même prudent de prévoir un minimum de vivres en cas de coupure d'électricité, d'eau ou de gaz, ou en cas pénuries qui peuvent toujours se produire à la suite d'incidents divers... Nous pouvons lister :

- Un peu d'argent en espèces.
- Une réserve de nourriture pour plusieurs personnes, pour plusieurs jours (5 à 10 jours ?) : attention aux dates de péremption, et ne pas oublier les ouvre-boîtes.
- Une réserve d'eau en bouteilles pour la boisson (1 litre et demi par jour et par personne) et en bidons pour la toilette, la vaisselle, les W.-C., etc. Il est aussi possible de prévoir des désinfectants pour l'eau (vendus en pharmacie), ou tout simplement de l'eau de Javel.
- Quelques médicaments essentiels (comme pour une trousse de voyage) : pansements, désinfectants, antidouleurs (paracétamol), antispasmodiques, antibiotiques... et des comprimés d'iode en cas de retombées radioactives.
- Quelques réserves de gaz pour la cuisine (réchaud), et pour la lumière.
- Quelques bidons d'essence pour la voiture.
- Un peu de bois pour la cheminée, la cuisinière et le barbecue.
- Des briquets, des allumettes et des allume-feu.
- Des bougies, des lampes (solaires et à manivelle) pour l'éclairage.
- Des piles électriques de rechange et un chargeur de piles à énergie solaire.
- Une radio à énergie solaire et/ou à manivelle, pour continuer à être tenus au courant des événements.

Tout cela ne constitue qu'un minimum. Chacun jugera de ce qui lui est nécessaire. À côté de ces préparatifs matériels, il convient d'acquérir un nouvel état d'esprit :

- **Accepter le changement**, comme nous l'avons évoqué. Accepter d'abandonner certains éléments de sa vie pour en acquérir d'autres... qui seront meilleurs, comme moins de matérialisme, moins d'acquisitions de biens matériels et plus de recherche du sens de la vie. Car les biens matériels sont éphémères, alors que les joies de la vie demeurent à jamais dans les mémoires.
- **Être convaincu que demain sera meilleur encore qu'aujourd'hui.** Notre pensée est importante. Selon notre point de vue, le verre est à moitié vide ou à moitié plein. Dans les deux cas, le verre est le même. Mais la façon de l'appréhender est différente. Qui sera la plus heureuse, la personne qui voit un verre à moitié plein ou celle qui voit le verre à moitié vide ? Un même verre induit deux sentiments opposés, selon le point de vue que nous adoptons.
- **Faire confiance à la vie** pour pourvoir à nos besoins en temps utile. Être certains que nous trouverons toujours la personne qu'il faut au moment où il le faut, que les informations et les opportunités nous arriveront toujours en temps voulu – généralement par des canaux que nous n'attendions pas. Croire que demain sera meilleur qu'hier !

Un tel état d'esprit apporte le calme, la tranquillité et l'harmonie dans notre être, parce que nous ne sommes pas dans la résistance, mais, au contraire, dans l'acceptation et dans la confiance envers l'avenir. Ce sentiment – très agréable – sera original, voire inédit, pour beaucoup de personnes. Il est l'indicateur qu'elles sont sur le bon chemin.

Le changement vibratoire sera ainsi compris et accepté comme quelque chose de profitable. Les personnes comprendront que ce passage apporte un changement de vie, non pas dans le désordre et l'anarchie, mais dans l'harmonie, le bonheur et le partage.

Il faut bien admettre qu'il n'est pas possible que notre société perdure encore des décennies avec les dégâts qu'elle génère sur l'environnement, avec le stress et les maladies qu'elle crée, les guerres et les génocides qui se déroulent partout sur la Terre. Il y a trop d'égoïsme, trop de racisme, trop d'intolérance, trop de violence, trop de haine, trop de peur, trop d'individualisme, trop de recherche de gloire et de plaisir personnel… Hormis l'habitude de vivre dans cette société, et les petits plaisirs matériels qu'elle procure, il n'y aura pas à la regretter. Elle aura tout de même permis à l'humanité de grandir et de comprendre les conséquences de ses actes. Mais, aujourd'hui, il est temps que les choses changent, il est temps d'abandonner les anciens schémas et d'en ouvrir d'autres, novateurs.

2e clé : effectuer un nettoyage de notre être

L'évolution actuelle des énergies tend à nous faire élever notre niveau vibratoire. Mais, pour que cela puisse se faire, il convient d'éliminer les boulets que nous avons aux pieds – qu'ils soient physiques ou psychologiques. Pour cela, un nettoyage sur tous les plans est indispensable.

Sur le plan physique

Au niveau corporel, il convient de nettoyer les toxiques et les polluants qui abaissent notre vitalité et donc notre niveau vibratoire. Une fois notre organisme purifié, nous retrouverons :

- un système immunitaire efficace ;
- un équilibre hormonal ;

- des organes efficients ;
- des processus d'autoréparation performants ;
- une adaptation aisée aux changements vibratoires.

Pour nettoyer notre organisme, la mise en place d'un **mode de vie sain** est nécessaire, avec :

- Une **alimentation équilibrée**, bio (ou au moins raisonnée), de saison et de pays, crue ou faiblement cuite (à moins de 110 °C) est à favoriser. Le régime méditerranéen est l'exemple à suivre, parce qu'il a prouvé son efficacité dans la prévention de nombreuses maladies. Il consiste à consommer beaucoup de fruits, de crudités et de légumes agrémentés d'huile d'olive, de colza et/ou de noix (pour leurs acides gras). Il convient également de préférer les poissons, les viandes blanches et les fromages d'ovins. Cette nourriture apporte les nutriments (vitamines, oligoéléments, minéraux), les antioxydants et les acides gras poly-insaturés oméga-3, 6 et 9 qui sont essentiels à l'équilibre de l'organisme. Notons que la consommation de végétaux favorise la sécrétion de sérotonine par l'organisme ; ce qui porte les personnes à la sérénité et à des pensées altruistes, alors que la consommation de viandes (rouges) favorise la sécrétion d'adrénaline et de noradrénaline, favorables à l'action, à l'agressivité et à la compétition.
- **Boire abondamment**, de préférence des eaux de source. La quantité dépendra de l'activité physique et de la température ambiante. Une hydratation abondante effectue un nettoyage du corps en éliminant les toxines par les urines.
- **Quelques compléments** peuvent être utiles pour compenser les déficits nutritionnels, pour éliminer les polluants et pour stimuler l'organisme. Par exemple, une prise de gelée royale, de ginseng, de maïtaké ou de jus de grenade est à préconiser. En compléments, nous pouvons conseiller :

- Le **magnésium** sous forme d'oligoélément ou de glycérophosphate de magnésium, qui sont bien tolérés par le tube digestif et donc bien absorbés. Le magnésium donne de l'énergie, aide à calmer le stress et à surmonter la fatigue.
- **Les antioxydants**, comme le glutathion, le zinc, l'acide alpha-lipoïque, la vitamine C, le sélénium, qui neutralisent les radicaux libres responsables de maladies et du vieillissement.
- Le **chardon-marie**, qui est un bon stimulant du foie et un nettoyeur de l'organisme.
- La **spiruline**, pour détoxiquer le corps, pour compenser les carences et pour tamponner les excès d'acide. D'autres remèdes permettent d'aller plus loin dans la détoxication, comme l'ail des ours, la coriandre, la chlorella, l'aloe vera, le jus de bouleau...
- Les **isothérapies homéopathiques**, qui nettoient l'organisme des polluants, des restes d'anesthésiques, de vaccins, de médicaments...

• Une **bonne activité physique** (marche, vélo, natation, gymnastique...) est indispensable. Elle procure une ventilation respiratoire satisfaisante. La transpiration qu'elle génère permet d'éliminer certaines toxines et limite la prise de poids. Elle permet aussi la fabrication de l'ATP[1] par les mitochondries cellulaires, qui correspond à l'énergie du corps – énergie nécessaire pour nous adapter au changement vibratoire.

• Des **exercices de respiration**, qui éliminent les toxines volatiles et apportent l'oxygène. La respiration est une source importante de l'énergie des cellules (fabrique d'ATP).

---

1. Adénosine triphosphate.

• Le **jeûne** est une pratique performante pour décrasser l'organisme. Les jeûnes secs sont déconseillés. Ceux-ci peuvent, par contre, consister en des monodiètes (raisin, bouillon de légumes) ou – mieux – en des jeûnes intermittents, de 16 à 18 heures par jour.

• De **bonnes nuits de sommeil** sont indispensables pour donner le temps au corps de se réparer des dégradations occasionnées par les activités diurnes, mais aussi pour s'harmoniser aux énergies nouvelles.

• Une **activité sexuelle** satisfaisante assure un équilibre hormonal qui procure une détente et une harmonie du corps et de l'esprit. À défaut de relations sexuelles, des câlins et des caresses réalisées pendant quelques minutes produisent un effet similaire sur le plan endocrinien.

• Des **contacts avec la nature** permettent une activité physique et une bonne oxygénation du corps... Sans compter que la nature apporte un équilibre psychique et émotionnel très utile dans la période actuelle. Ces contacts poussent aussi à la réflexion et à la méditation.

• Un **rythme de vie régulier** assure un bon réglage de l'horloge interne qui régule les principales fonctions – notamment hormonales – du corps.

• Une **limitation** (élimination) **de l'alcool**, du **tabac** et des **drogues** qui sont des polluants de l'organisme et du cerveau. Ils abaissent aussi le niveau vibratoire des individus.

• Un **transit intestinal régulier** qui élimine les déchets et de nombreux polluants du corps. Ne pas hésiter à prendre des remèdes (naturels) pour le stimuler si besoin, comme le magnésium (chlorure de magnésium), le psyllium, l'huile d'olive, le triphala... En cas de ballonnement, d'inflammation intestinale, de spasmes, il est nécessaire de régénérer la muqueuse intestinale (avec de l'eau argileuse[2]) et la flore intestinale (avec des probiotiques), voire de rechercher des intolérances alimentaires.

Si un mode de vie sain est conseillé afin de nettoyer l'organisme, le lieu de vie est aussi à prendre en considération. En effet, une vie équilibrée dans un milieu pollué n'aura qu'une action partielle sur la santé des personnes. Or la pollution est partout : dans les villes, dans les champs, au travail et à la maison, mais aussi dans l'air, dans l'eau et dans les aliments. À cause de cela, il n'est plus possible, aujourd'hui, de vivre dans un milieu totalement sain, comme cela pouvait être le cas il y a encore cent ans. Maintenant, il faut se contenter du « moins pire » :

• **Éviter** de vivre dans **les zones polluées** : usine, incinérateur, centrale nucléaire, autoroute, antenne relais..., dans la mesure du possible !

• À la maison, **n'utiliser que des produits ménagers écologiques**, tout comme les produits de bricolage et de jardinage.

• Utiliser des appareils de protection contre les **champs électromagnétiques artificiels**.

• **Mettre des masques de protection** avec filtre, en cas de manipulation de produits toxiques.

• Éliminer les **nuisances géobiologiques** de son habitation et de son lieu de travail. Un nettoyage des nuisances énergétiques

---

2. Eau argileuse : mettre une cuillère à soupe d'argile verte dans un verre d'eau, laisser reposer pendant au moins une heure, et boire l'eau (sans l'argile) au moment du coucher.

(mémoires du lieu, revenants, etc.) peut s'avérer également nécessaire. Un géobiologue peut être de bon conseil pour cela.

Un mode vie sain et la stimulation des émonctoires (intestins, reins, poumons, peau...) permettent une purification de notre organisme ; ce qui produit un effet bénéfique sur nos gènes (épigénétique), en refermant ceux favorables à la maladie et au vieillissement, et en ouvrant ceux de la santé et de l'adaptation aux énergies nouvelles.

Sur un autre plan, des **soins énergétiques** réalisés régulièrement par un thérapeute professionnel permettent d'éliminer les énergies nuisibles, les blocages énergétiques, les parasites, les entités, les sorts... qui peuvent entraver le chemin de vie et l'évolution vers la lumière. Des soins énergétiques intemporels (gratuits) sont à votre disposition sur YouTube[3]. De nombreux thèmes ont été traités. Il suffit de choisir celui dont vous avez besoin. Ces soins gardent toujours la même efficacité, même réalisés à distance, dans l'espace et le temps.

Avant de clore ce chapitre, il est nécessaire de parler du **déplacement de l'atlas** – la première vertèbre cervicale située juste sous l'occipital (le crâne). Elle est déplacée chez un grand nombre de personnes. Cette malposition perturbe la circulation énergétique vers la tête, et ainsi l'ouverture de l'esprit. Elle retentit sur la statique de l'ensemble de la colonne vertébrale. Le replacement de cette vertèbre s'effectue par une manœuvre ostéopathique ou grâce à un soin énergétique particulier. Un déplacement de l'atlas freine l'élévation vibratoire de la personne, alors que son repositionnement la facilitera.

---

3. https://www.youtube.com/watch?v=8uNA-udretw&list=PLOSvqEbqrjs3EBlz6jEVX40m-6D-idPEt.

Sur le plan psychologique

La période actuelle fait ressortir les souvenirs difficiles, les vécus douloureux, les contrariétés, les conflits non résolus, ainsi que les mauvais choix du passé. Ils ne reviennent pas pour nous gêner ni pour nous perturber, mais pour être revus à la lumière de notre compréhension, afin d'être résolus. Ils disparaîtront alors définitivement de notre esprit ; ce qui nous permettra d'avancer sereinement vers la lumière.

Comme l'expliquent les psychologues, l'esprit est composé d'un conscient et d'un inconscient, mais ce n'est pas celui que nous croyons généralement qui commande. Nos choix et nos décisions sont gérés, orientés et dirigés par notre inconscient, la plupart du temps, pour ne pas dire toujours... Le mental donne le change en faisant croire que la décision a été prise pour des raisons circonstancielles. Un exemple : combien d'hommes ont épousé une femme qui, inconsciemment, leur rappelait leur mère ? Pareil pour les femmes avec leur père. Combien d'enfants suivent le chemin professionnel de leur père ou mère ? Autre exemple : une personne avait le choix entre deux métiers. Elle a choisi celui qui était proche de chez elle, afin – pensait-elle – de simplifier ses transports, et ainsi sa vie. En fait, ce travail était sans intérêt et sans avenir. Elle l'a choisi parce que son père lui avait souvent répété qu'elle n'arriverait jamais à rien dans la vie ! Elle a suivi ainsi, inconsciemment, la croyance qui lui avait été inculquée, alors qu'un autre travail, plus éloigné de chez elle, lui aurait apporté épanouissement, avancement et développement.

Pour que la transition énergétique se déroule bien, il est nécessaire de nous libérer de nos croyances erronées, de nos valeurs limitantes et de nos peurs – présentes dans notre inconscient – qui perturbent notre être et nous empêchent d'avancer vers la lumière. Il est nécessaire aussi de nous alléger des vieux schémas, des anciens conflits, des contrariétés non digérées, afin de retrouver la paix dans notre être, et ainsi de suivre le mouvement universel en cours.

Quelques conseils aideront à ce nettoyage psychologique :

La lutte contre le stress

De nombreuses techniques permettent de lutter contre le stress et de se détendre, comme le yoga, la relaxation et la sophrologie (avec le training autogène de Schutz) qui – après un bref apprentissage – peuvent être effectuées tranquillement tout seul chez soi.

La méditation est une des meilleures techniques pour traverser sereinement la période de transition actuelle. Elle permet de faire le vide dans sa tête en arrêtant le mental qui nous empêche de voir clair dans notre vie. Il existe de nombreuses pratiques de méditation. La plus courante consiste à se concentrer sur la respiration, en prenant conscience de l'air qui entre et qui sort de nos poumons et de notre bouche... Après quelques minutes de méditation, le calme se développe dans notre esprit, et les aspects importants de notre vie deviennent des évidences... Ce qui facilite nos prises de décision.

L'élimination des croyances erronées, des peurs et des conflits

Les valeurs limitantes, comme les croyances erronées, sont tellement ancrées dans notre personnalité qu'elles sont devenues, pour nous, une norme qu'il est impensable de changer. Pourtant, elles sont subjectives et dominent notre personnalité. Elles orientent les choix que nous faisons dans des directions fallacieuses. Elles submergent notre esprit d'émotions et de contradictions... Bref, elles nous empêchent d'être nous-mêmes ! Il convient de nous en émanciper, si nous voulons avancer sur notre route et aussi nous adapter aux nouvelles énergies.

La résolution des conflits (anciens et actuels) est également un temps important – pour ne pas dire essentiel – à notre évolution et à notre avancée vers la lumière. Plus nos conflits seront résolus, plus notre esprit sera libéré, et plus le passage dans la nouvelle dimension sera aisé.

Il est possible de les résoudre par nous-mêmes, ou avec l'aide d'un proche, en en parlant, en en discutant, en y réfléchissant, en revoyant le problème sous un autre angle... Ensuite, pour éliminer les croyances erronées, les valeurs limitantes, les peurs et les conflits non résolus, de nombreuses techniques peuvent être envisagées. En voici quelques-unes qui peuvent facilement être réalisées, seul, après un petit apprentissage.

- Ho'oponopono nouveau[4] constitue un outil remarquable pour éliminer les croyances erronées. Son avantage est qu'il n'est pas nécessaire de connaître les mémoires erronées pour les résoudre.
- L'EFT[5], mais aussi le TAT[6] ou le Zensight[7].

4. Luc Bodin, *Ho'oponopono nouveau, op. cit.*

5. Emotional Freedom Technique : technique mise au point par l'américain Garry Graig, qui consiste à se libérer des troubles émotionnels ou physiques en tapotant sur certains points d'acupuncture, essentiellement sur le visage. Voir le site : www. eveiletsante.fr où se trouve une vidéo explicative de l'EFT.

6. Tapas Acupressure Technique, technique conçue par Tapas Flemming. Elle associe une intervention sur le champ énergétique à une attention sur les problèmes de santé à traiter, sans forcément en connaître les détails et les causes.

7. Technique consistant à demander directement à l'inconscient de guérir un problème avec ses racines profondes.

- La visualisation[8] et la symbolique utilisent des images mentales dirigées.
- Une technique toute simple, qui est devenue possible grâce à l'arrivée des nouvelles énergies, consiste à demander. Par exemple, lorsque nous désirons résoudre un conflit (présent ou ancien), il suffit de dire : « Ce souvenir fait partie de moi. Je l'accepte. Je ne veux pas l'oublier ni l'effacer. Cependant, je demande que l'émotion qui s'y rattache ne vienne plus me perturber dans ma vie actuelle et future. » En répétant plusieurs fois cette demande et en se concentrant sur cette pensée, la magie opère peu à peu. Il est ainsi possible de résoudre de petits conflits d'une manière immédiate. Il est, cependant, important d'être précis et clair dans nos demandes. Il faut également être bien centrés sur nos désirs et nos attentes. En revanche, il ne faut pas demander à oublier le souvenir, parce que cela ne fonctionnera pas. L'événement en question fait maintenant partie de nous, il n'est plus possible de l'effacer. Par contre, on peut en éliminer la charge émotionnelle.
- Nous pouvons ajouter à cette liste : l'EMDR[9], les soins énergétiques, la psychothérapie, la PNL[10], la psychanalyse, etc.

Il demeure néanmoins qu'un professionnel (psychiatre, psychologue, thérapeute) est toujours nécessaire en cas de troubles importants, persistants ou récidivants.

---

8. Carl Simonton, Reid Henson, Brenda Hampton, *L'Aventure d'une guérison*, J'ai Lu, 1999.
9. EMDR : Eye Movement Desensitization and Reprocessing. C'est-à-dire désensibilisation et retraitement par les mouvements oculaires.
10. Programmation neurolinguistique : ensemble de techniques de communication et de développement personnel mises au point aux États-Unis par John Grinder et Richard Bandler dans les années 1970, à partir de travaux de thérapeutes comme Milton Erickson, Fritz Perls…

3e clé : élever notre niveau vibratoire

La 3e clé peut être réalisée en même temps que le nettoyage précédent. D'ailleurs, un certain nombre de mesures agissent sur les deux à fois.

Un mode de vie sain

- Une alimentation bio, fraîche, de saison, crue ou faiblement cuite (moins de 110 °C) apporte de l'énergie ; contrairement aux aliments industriels et ultratransformés.
- Une bonne hydratation. L'eau peut aussi être dynamisée pour apporter davantage d'énergie. Pour cela, il suffit de l'agiter à la main pendant une vingtaine de secondes, ou de la passer au mixeur pendant une dizaine de secondes, ou encore de la placer au soleil dans une bouteille en verre transparent pendant une demi-heure.
- Une activité physique régulière qui fait transpirer.
- Une bonne ventilation pulmonaire, qui peut consister à réaliser plusieurs fois par jour de grandes respirations. Quelques grands mouvements respiratoires, faits d'inspirations profondes suivies d'expirations profondes, entrecoupées de courtes pauses de trois à quatre secondes, apportent une détente immédiate.
- Un bon temps de sommeil récupérateur. C'est la période durant laquelle le corps et l'esprit se régénèrent et s'adaptent aux nouvelles énergies. Des temps de repos ou des siestes durant la journée sont également à privilégier.
- Une maison et un lieu de travail d'un bon niveau vibratoire. L'idéal est que celui-ci soit égal à celui de la Terre, afin de procurer un bon ressourcement des occupants. Ne pas hésiter à demander conseil à un géobiologue.

– Un cadre de vie agréable et plaisant à regarder. Tout ce qui rappelle des souvenirs tristes ou qui font du mal doit être rangé hors de vue, donné ou jeté. Il convient, au contraire, de s'entourer d'objets joyeux, positifs, colorés (peintures, bibelots, photographies...). Ils apporteront de la joie et du baume au cœur chaque fois que votre regard se posera dessus.

Un état d'esprit

Pour élever notre vibration, il convient, en plus d'un mode de vie équilibré, de développer un nouvel état d'esprit, positif, qui apportera un état de bien-être et aussi qui attirera à nous des vibrations élevées. Ce changement est essentiel... Sans doute davantage encore qu'un mode de vie sain. Cela ne se fera pas en un jour, mais peu à peu, si nous y mettons notre volonté.

– Comme nous l'avons évoqué, il est important d'accepter qu'un changement important soit en route, tant sur le plan personnel que général... Mais aussi de demeurer dans **la confiance** pour ce qui va arriver. De **lâcher-prise** en comprenant que nous ne pouvons pas contrôler le futur. De rester **optimistes** en nous concentrant sur l'idée que, dans toute situation, un élément positif en ressort. Quoi qu'il se passe, nous apprenons et nous évoluons... Même si c'est quelquefois difficile. L'univers et la vie ne veulent que notre bonheur.

– **La pensée positive** va de pair avec la confiance en la vie et avec l'optimisme. Elle consiste à ne pas se focaliser sur le négatif, comme les mauvaises nouvelles, mais plutôt à prendre en considération les bonnes. Ainsi, les événements actuels du monde tendent à nous rendre tristes et pessimistes. Plutôt que de nous lamenter sur eux, pensons aux nouvelles énergies qui arrivent et qui viennent nous aider à évoluer individuellement et collectivement. La positivité doit présider nos pensées, nos paroles et nos actes.

- **La méditation** est, comme nous l'avons vu, un outil remarquable pour nous adapter aux nouvelles énergies. Elle est également remarquable pour nous détendre, mais aussi pour entrer en contact avec notre être profond. Elle permet d'ouvrir notre esprit, notre conscience et notre être spirituel. Elle nous montre combien nous sommes tous reliés, et combien nous ne formons qu'un avec notre environnement.
- **Les contacts avec la nature** sont souhaitables, afin de retrouver notre équilibre, qui est souvent perturbé par la vie moderne, mais aussi par les changements vibratoires actuels. Il ne faut pas hésiter à marcher pieds nus sur le sol, à toucher les arbres et les végétaux, afin de profiter de leurs énergies. Il est bon aussi de demeurer quelque temps immobiles dans un endroit, et de ressentir l'environnement : les rochers, les arbres, les animaux, l'énergie, l'air, les rayons du soleil... Car tout vit, tout vibre, tout est énergie... Dans ces lieux naturels, il est possible de le ressentir d'une manière simple et directe.
- **Les activités artistiques.** Nous sommes tous des artistes. Cela peut consister en une œuvre de peinture, un bouquet de fleurs, une recette de cuisine, un travail de menuiserie, un tricot... Lorsque nous réalisons ces activités, nous sommes calmes, et notre esprit entre en contact avec notre être profond.
- **Les temps de silence** donnent l'opportunité à notre corps et à notre esprit de s'équilibrer aux nouvelles énergies, parce qu'ils ne sont plus sollicités par la foultitude d'informations provenant de l'environnement. Ils peuvent alors se concentrer sur notre élévation vibratoire.
- **Les temps de réflexion.** Pour nous recentrer sur nous-mêmes, sur ce que nous voulons, sur ce que nous décidons... Mais aussi

pour réfléchir au sens de la vie, à la vie après la mort, à la réincarnation, à l'existence du Divin... Ces temps de calme peuvent s'accompagner de musique et de prières. Les musiques douces, religieuses ou relaxantes sont souvent sources d'élévation de l'esprit, et ainsi des énergies.

– **Ne s'entourer que de personnes positives,** joyeuses, desquelles émanent la bonté et le dynamisme. Dans le même esprit, ne regarder que des films positifs et joyeux... De même pour la lecture des livres. Éviter de regarder trop longtemps les journaux télévisés, qui ne montrent que tristesse et malheur. S'il est, bien sûr, important de se tenir au courant de l'actualité, il est, par contre, inutile de les laisser tourner en boucle toute la journée. Il est conseillé de rechercher aussi d'autres sources d'information, afin de se faire une opinion plus juste des événements.

– **Avoir des loisirs et des distractions.** Ce sont des temps de plaisir qu'il ne faut pas refuser, malgré la situation actuelle.

– **Ne pas hésiter à rire et à être joyeux,** malgré ce qui peut se passer. Ces émotions positives apportent le bien-être et contribuent à élever notre niveau vibratoire, contrairement à la tristesse et au chagrin.

– **Demeurer dans le moment présent.** Être ici et maintenant est essentiel pour vivre la transition, parce que c'est le seul moment de notre vie où nous pouvons penser, décider, dire et agir... C'est le temps où nous pouvons facilement élever notre vibration, si nous le voulons. Il convient de rester concentrés sur nos activités du moment et de ne pas laisser notre esprit vagabonder vers le passé ou le futur ; ce qui n'apporte rien que peur, déprime, rancune ou stress.

– **Suivre ses intuitions, ses ressentis et les synchronicités.** Notre être nous parle de multiples manières : intuitions, synchronicités, ressentis, petite voix, situations, symptômes corporels... Il est important de prendre conscience de ces signes. Ils nous indiquent la direction de notre vie, c'est-à-dire le chemin que nous devrions prendre. Comme je le répète souvent : « Notre cœur connaît la route. Aurons-nous le courage de le suivre ? »

Captation des énergies

Pour remonter nos énergies, une méthode consiste à capter les énergies environnementales. Rien n'est plus simple. Cela peut se faire dans toutes les positions et à tout moment. Il suffit de s'installer confortablement, de fermer les yeux... et de demander (à l'univers, au Divin, à qui nous croyons) à recevoir les énergies telluriques (de la Terre), cosmiques (de l'univers), spirituelles (célestes) et divines... Il convient ensuite de demeurer concentrés sur notre demande pour que le transfert se poursuive. Cela peut prendre plusieurs minutes. Toute distraction (perte de concentration) coupe la connexion. Il convient, dans ce cas, de reformuler notre demande.

Il est possible de renouveler ce transfert énergétique aussi souvent que nous le voulons. Il permet de retrouver force et vitalité, en remontant notre niveau vibratoire.

Certaines personnes reçoivent mieux les énergies en priant, alors que pour d'autres, ce sera en en écoutant de la musique. Cela n'est pas important. Chacun fera comme il préférera.

Ouverture de conscience

Les nouvelles énergies nous poussent vers une ouverture de conscience. Elles sont à notre service pour nous aider à avancer spirituellement ; ce qui nous permettra d'élever notre vibration.

Les deux – développement spirituel et élévation vibratoire – vont de pair et évoluent de concert. En d'autres termes, les nouvelles vibrations nous donnent les moyens, mais c'est à nous de mettre en place notre transformation intérieure. Plusieurs éléments y contribueront :

- **L'intégrité** est une attitude qui doit diriger notre vie. Quoi qu'il en coûte, nous devons demeurer dans l'honnêteté, la loyauté et la droiture... Ces principes doivent diriger nos décisions et nos actions. Ainsi demeurerons-nous fidèles à ce que nous sommes, sans compromis.
  - **Le pardon** – pour les autres et pour nous-mêmes – est essentiel, si nous voulons résoudre la plupart des conflits dont nous sommes porteurs. Mais le pardon est souvent mal compris. Il ne signifie pas que les autres avaient raison et que nous avions tort, mais plutôt que nous avons envie de passer à autre chose et que nous pardonnons ce qui nous a été fait afin de continuer notre route. Quoi qu'il en soit, il faut que ce pardon vienne du cœur, et non du mental ; ce qui est différent.
  - **La prise de conscience des conséquences de nos actes** est un élément important de ce passage dans la nouvelle dimension. Nous sommes libres de nos choix, mais responsables de leurs conséquences. Les décisions que nous prenons le sont souvent dans un but égoïste, sans trop tenir compte de leurs conséquences sur autrui... L'élévation de notre esprit nous permettra d'en prendre conscience, et ainsi de comprendre les réactions de notre entourage face à nos actions.

Il convient de se rappeler qu'une décision, même s'il s'agit de ne rien faire, a toujours des effets sur les autres.

- **Le développement de pensées élevées** – moins tournées vers le matérialisme, la possession, les jeux de pouvoir, le sexe... ; mais davantage vers la joie de vivre, le bonheur, la tolérance, l'équité, le partage, la compassion... – permettra de vivre agréablement et de développer des sentiments véritablement humains. Cette attitude ne signifie pas que nous devions devenir des « béni-oui-oui » – c'est-à-dire dire oui à tout. Si nous ne sommes pas d'accord, nous pouvons (devons) le dire tout en demeurant dans le respect de la personne en face de nous.

Ce comportement constitue le fondement de la future société. Il rassemblera les personnes, en effaçant les différences et les oppositions. Il permettra l'entente entre les individus et entre les peuples.

Par ailleurs, la loi de la résonance, qui est une loi fondamentale de la vie, enseigne qu'une vibration attire celles de même fréquence. Ainsi, les pensées agressives attirent les individus et les événements propres à la discorde, à l'agressivité, à la guerre... Inversement, les pensées élevées apportent la paix, l'amour et la tolérance.

Avec nos pensées, nous forgeons le monde dans lequel nous vivrons demain. Il devient urgent de réfléchir à leur nature et de développer des pensées positives et altruistes, si nous désirons une Terre de paix. Or celle-ci commence à l'intérieur de nous.

- **La recherche de sens de « notre » vie** est un autre élément fondamental pour notre équilibre. Quel est le sens de « notre » vie, de notre existence, de notre venue sur Terre ? Il s'agit, bien sûr, d'une réponse individuelle. Cependant, nous pouvons distinguer quelques éléments communs à tous les chemins de vie. Ainsi, il n'existe pas de « mission » sans amour. Aussi, si vous ne savez pas qu'elle est votre mission – c'est-à-dire ce que vous êtes venu faire et apprendre dans cette incarnation –, commencez par développer l'amour dans votre vie. Le reste viendra tout seul. Il n'y a pas de petites missions ! Rêver de devenir un grand politique, thérapeute ou guérisseur est un produit de l'ego ! Être un grand de cette Terre n'apportera pas plus sur le plan de votre évolution qu'un travail qualifié (fallacieusement) d'« humble »... La mission n'est pas une finalité, c'est le chemin que nous avons à parcourir, avec toutes les expériences – parfois difficiles ou douloureuses – que nous avons à vivre et à transcender.

La mission n'est pas non plus un métier. Celui-ci n'est qu'un moyen. Nous pouvons avoir un métier qui permet de subvenir aux besoins de notre famille et de réaliser notre mission en parallèle.

Quoi qu'il en soit, définir ce que nous voulons développer dans notre existence est très important. Il demande de la réflexion. Ce but est généralement assez simple à trouver, parce qu'il correspond à une ou plusieurs activités dans lesquelles nous nous sentons bien. Cela peut consister à nous occuper des autres, les conseiller, les informer, les soigner... Mais aussi à prendre soin de la planète, des arbres, des animaux, d'un lieu... Mille activités peuvent correspondre aux missions. Chaque être humain possède la sienne. Un travail en PNL, un thème astral (astrologie), un soin énergétique sur l'enfant intérieur, ou simplement une réflexion sur soi peuvent donner de précieuses indications sur notre but supérieur. Une fois déterminé, celui-ci est comme un turbo placé sur notre chemin d'évolution. Il nous donne la direction qui nous guidera... même dans les situations difficiles.

Un dernier conseil : il ne faut pas attendre les opportunités pour réaliser son chemin de vie, il faut débuter son chemin de vie pour découvrir les opportunités !

- **La recherche du sens de « la » vie.** Freud a mis en évidence le rôle de la sexualité dans les comportements humains. Cet aspect est indéniable. Seulement, il ne constitue pas la seule motivation des êtres humains ; et c'est heureux... À côté de la question concernant le sens de notre vie, il y en a d'autres tout aussi essentielles : qu'est-ce que la vie ? Pourquoi la vie ? Quel est le sens de la vie ? Mais aussi : existe-t-il un Dieu ? Si oui, quel est-Il ? Que veut-Il ? C'est, bien sûr, à chacun de trouver ses réponses. Mais, selon que nous croyons à un Dieu bon, à un Dieu vengeur, à plusieurs dieux, ou à pas de Dieu du tout, notre vision du monde et, par là, notre comportement s'en trouvent modifiés.

La recherche de sens est plus que jamais importante actuellement. Elle peut être approfondie par la lecture (des textes sacrés, des sages, des philosophes, etc.), par la discussion, par l'écoute de conférences, par la méditation, par l'introspection… Les religions, enfermées dans leurs dogmes, sont limitées pour aider les personnes. Elles proposent une vision de l'univers basée sur des principes qui sont davantage humains que divins. C'est également valable pour les maîtres, les gourous, les *channels* et autres directeurs de conscience. Ils décrivent le monde à travers leurs prismes personnels ; ce qui n'est généralement qu'un lointain reflet de la réalité. Les véritables maîtres incitent leurs disciples à ouvrir leur esprit par une recherche personnelle. Ils n'imposent aucune vision du monde et du Divin. Car la vérité se trouve en chacun de nous. Il est inutile de la chercher ailleurs !

Dans les écrits sur la fin des temps, il est dit que des gourous seront capables de faire des miracles et d'attirer les foules. Mais ils les guideront sur de mauvaises routes. **Car le chemin vers la connaissance ne peut être qu'individuel.** Les nouvelles énergies aident chacun dans cette quête. Mais elles ne le font pas à sa place. À chacun de réfléchir et d'en tirer ses propres conclusions.

– **La prière** est le téléphone du Divin. Elle permet d'entrer en communication avec la force créatrice de l'univers. La véritable prière ne consiste pas à répéter des prières toutes faites, en direction de Dieu, d'un saint, d'un protecteur ou simplement de l'univers ou de la Terre… Il s'agit d'un dialogue où nous exprimons nos doutes, nos peurs, mais aussi nos désirs, nos besoins, nos problèmes... Ou encore notre gratitude, nos remerciements et notre amour envers le Divin. Il s'agit d'un moment privilégié où nous nous en remettons à lui.

La prière est une discussion avec le Divin, au cours de laquelle il est possible de ressentir sa présence bienveillante et son amour inconditionnel envers nous. Ces sensations font fondre, comme neige au soleil, nos soucis et nos problèmes. Des réponses peuvent aussi nous arriver sous la forme de mots ou d'intuitions.

– **L'amour est l'essentiel... Ce sentiment pourrait être considéré comme étant la 4e clé... Tout le reste étant sans importance. Si vous ne savez pas par où débuter votre élévation vibratoire, commencez par vivre dans l'amour...**

L'amour est partout. Il est dans l'univers, mais aussi dans notre environnement, dans les plantes, dans les animaux, dans les objets, dans les ordinateurs...

Quand nous effectuons des demandes à l'univers, nous appelons les potentiels qui leur correspondent. Ceux-ci sont présents dans ce qui est appelé le « champ d'énergies informées », qui se trouve dans tous les espaces vides de l'univers – entre les particules comme entre les planètes. Ce champ est une émanation des énergies divines qui nourrissent (animent) l'univers avec son énergie d'amour. Sans elle, l'univers s'éteindrait immédiatement, comme la flamme d'une bougie que l'on souffle.

Lorsque nous sommes dans l'amour, nous sommes bien et heureux, contrairement aux moments où nous sommes dans la haine, l'agressivité, la rancune ou autre. Les sentiments délétères ne nous apportent que de la souffrance. Cette simple évidence démontre que nous sommes faits pour vivre dans l'amour.

Nous sommes des êtres d'amour, vivant dans un univers d'amour. L'amour doit être au centre de nos pensées, de nos paroles et de nos actions. Il ne doit pas être limité à quelques instants de méditation ou de prière. Il doit dominer notre vie.

C'est l'amour que nous engendrerons qui nous ouvrira la porte vers la nouvelle dimension. C'est lui qui est la clé principale de notre évolution.

L'unité

Nous avons déjà évoqué brièvement ce point. Mais il est nécessaire de l'expliquer plus en détail compte tenu de son importance.

L'unité constitue l'étape finale. Nous la comprenons lorsque nous avançons dans les étapes (clés) précédentes.

Comme l'indiquent les Chinois, le yin et le yang sont les deux aspects d'un même ensemble, le tao, qui peut être considéré comme étant la matrice de l'univers dans laquelle évoluent ces deux éléments.

Il n'y a pas de yin sans yang, et inversement ; comme le symbolisent le cercle blanc dans le noir (yin) et le cercle noir dans le blanc (yang). Le yin et le yang représentent le jour et la nuit, le féminin et le masculin, etc., les deux principes qui régissent la dualité de l'univers. Les deux sont liés et indispensables à l'équilibre de la vie.

Une extrapolation de ce principe a été celle consistant à distinguer le bon et le mauvais... ; ce qui a été repris par les religions avec le bien et le mal. Oublions ces notions de bien et de mal – qui sont les conséquences du jugement – pour regarder le bon et le mauvais – qui sont plus près de la réalité. Mais est-ce que la nuit est mauvaise ? Est-ce que la pluie est mauvaise ? Est-ce que le feu est mauvais ? Ils ont tous leur utilité. Le jour nous permet d'agir ; et la nuit, de récupérer. La pluie nourrit la végétation, et le soleil permet la photosynthèse. Le feu brûle les forêts, mais permet de nous réchauffer et de cuire nos aliments. La nuit, la pluie et le feu ne sont donc ni bons ni mauvais... En fait, il n'y a pas de bon et de mauvais... Il y a toujours du bon dans le mauvais, et inversement. Il est donc important de supprimer ces notions de bon et de mauvais pour appréhender les éléments dans leur totalité.

Beaucoup de textes parlent d'un combat entre les forces du bien et du mal. Mais il est impossible d'imaginer un monde où l'une ou l'autre de ces forces aurait gagné et éliminé l'autre – un monde constitué uniquement de mal ou de bien. Il faut toujours une parité, un équilibre entre ces deux forces... Après leurs actions, les forces de la destruction laissent la place à celles de la construction, parce qu'elles sont aussi au service de la création.

La solution consiste à créer un équilibre entre les deux qui apportera l'harmonie, et non vouloir qu'un des deux camps gagne – ce qui ne surviendra jamais dans cet univers...

L'être humain possède une face sombre au fond de lui. Nous essayons de la dominer, de la contrôler, voire de l'éliminer. Mais elle fait partie de nous... Est-elle aussi sombre que nous le pressentons ? N'aurait-elle pas une utilité ? N'aurait-elle pas du bon ? Car il faut souvent que nous expérimentions l'ombre pour comprendre et évoluer. Ainsi, ces deux aspects de nous-mêmes – ombre et lumière – nous permettent d'apprendre et d'évoluer en conscience.

Nos actes égoïstes nous apprennent beaucoup sur nous. Il y a du bon dans toute chose, dans toute décision, dans toute action quelle qu'elle soit. C'est pourquoi la destruction de notre part d'ombre constitue une utopie, comme d'espérer éliminer toutes les forces du mal de l'univers !

La solution n'est pas dans le combat – qui est une lutte contre une partie de nous-mêmes –, mais dans la recherche d'une unité associant ces deux éléments fondamentaux afin de créer un équilibre et une harmonie dans notre être.

Pour cela, il nous faut accepter les deux aspects qui nous constituent comme les deux faces d'une même pièce de monnaie, afin de maintenir un équilibre entre eux.

En acceptant notre dualité, nous réunissons l'ombre et la lumière à l'intérieur de nous... Parce qu'elles ne s'opposent pas ; elles se complètent comme le font le jour et la nuit, le masculin et le féminin. Cette attitude nous apporte le calme et la paix dans notre être. Les événements extérieurs n'auront plus de prise sur nous. Nous regarderons l'univers dans sa complétude et sa perfection. Nous serons prêts pour le passage.

CONCLUSION

Durant cette période que nous pourrions qualifier de « fin des temps » – ou plus exactement de « fin d'un monde » –, tout ce qui était caché, tout ce qui appartenait à des corporations, à des intelligentsias ou à des sectes, apparaît au grand jour. Nous trouvons leurs informations (enseignements) dans les livres, les journaux, sur Internet, dans des émissions radio et de télévision. Tout est maintenant à la disposition de tous.

Grâce aux nouvelles énergies venues de l'univers, notre esprit dispose d'une puissance inégalée. Il peut intervenir avec force sur les autres, sur notre environnement et sur notre destin – tant individuel que collectif. Avec le concours des vibrations cosmiques, des talents se sont développés. Le pouvoir de soigner, la médiumnité, la clairvoyance, la télépathie, la psychokinèse… se trouvent désormais en chaque être humain.

L'époque des présidents, des rois, des despotes, des maîtres et des gourous touche à sa fin. Grâce à l'évolution vibratoire actuelle, les êtres humains deviennent autonomes. Ils prennent conscience de leur pouvoir, mais également du fait que **« tout est en eux »**. En faisant confiance à la vie et à l'univers, la peur disparaît, et, avec elle, le besoin de protection qui a conduit les peuples à la soumission.

Nous avons, aujourd'hui, à notre portée la connaissance et des capacités pour élever notre vibration. Celles-ci nous permettront de suivre l'ascension universelle vers un nouveau niveau de conscience. C'est une opportunité unique qui nous est proposée. Elle ne se renouvellera pas avant longtemps. Grâce à elle, l'émergence d'un monde nouveau nous est proposée. Il s'agit sans doute de l'âge d'or dont parlent un grand nombre de prophéties. Nous avons maintenant le nécessaire pour le créer… Mais sommes-nous prêts à le mettre en place ? Car il ne viendra pas tout seul ! Il nécessite la collaboration de tous pour devenir réalité.

Rien n'est écrit,
tout est en nous
et dans les choix que nous faisons.

LA 5^E^ DIMENSION

De quoi sera fait notre monde dans la 5e dimension ? Il sera probablement dans le prolongement de ce qu'il est dans la 3D, mais avec quelques modifications ; ce qui fait qu'il est difficile de l'appréhender aujourd'hui.

Il est certain que l'ouverture des consciences et le développement de nouveaux talents (télépathie, clairvoyance, chiropraxie, téléportation, etc.) feront que la société sera totalement différente de celle que nous connaissons.

Dans cette dimension, la matérialité et le temps seront moins marqués... La force de la pensée (esprit) sera, par contre, développée. Il suffira de vouloir pour obtenir ce que nous désirons, avec tous les aléas possibles. C'est pourquoi il est nécessaire d'avoir une conscience élevée pour atteindre cette vibration. Sinon, les êtres animés de mauvaises intentions pourraient y faire de gros dégâts.

La dualité y sera également moins développée. Mais elle ne sera pas absente pour autant. Il conviendra de maintenir l'équilibre entre nos deux aspects : yin et yang.

La conscience élevée des individus ainsi que la télépathie feront que la criminalité sera sans doute réduite de manière importante.

Nous pouvons même nous demander s'il y aura encore besoin de gouvernements et de lois, dans cette dimension. Peut-être un comité de sages qui servira de référence en cas de litige... Quoi qu'il en soit, les privilèges seront abolis.

La technologie ne disparaîtra pas. Mais elle sera réduite aux nécessités indispensables et aux urgences. Les découvertes cachées seront à la disposition de tous : énergie libre, antigravitation, voyages dans l'espace et dans le temps, *med bed* pour la guérison des malades, rajeunissement...

La téléportation et la télépathie assureront la plupart des communications, notamment avec nos amis lointains d'outre-espace.

Une coopération sera réalisée avec l'IA, sans esprit de domination afin que chaque « espèce » se développe dans la coopération, l'harmonie et la paix.

La société s'orientera principalement vers le développement des talents et des aspirations de chacun.

Pour terminer, nous rappellerons la dernière prophétie de Peter Deunov (déjà citée), qui apporte un éclairage remarquable sur le monde à venir :

« Vous n'avez aucune idée de l'avenir grandiose qui vous attend. Une Nouvelle Terre verra bientôt le jour. Dans quelques décennies, le travail sera bien moins astreignant, et chacun aura du temps à consacrer à des activités spirituelles, intellectuelles et artistiques. La question des rapports entre l'homme et la femme sera enfin résolue dans l'harmonie : l'un comme l'autre auront la possibilité de suivre leurs aspirations. Les relations des couples seront fondées sur l'estime et le respect réciproques. Les humains voyageront à travers les différents plans et franchiront les espaces intergalactiques. Ils étudieront leur fonctionnement et seront rapidement en mesure de connaître le Monde divin, de fusionner avec la Tête de l'univers.

La Lumière, le bien et la justice triompheront ; ce n'est qu'une question de temps. Les religions doivent être purifiées. Chacune renferme une particule de l'Enseignement des Maîtres de la Lumière, mais est obscurcie par l'apport incessant des déviations humaines. Tous les croyants auront à s'unir et à se mettre d'accord sur un principe, celui de placer l'Amour comme base de toute croyance, quelle qu'elle soit. Amour et Fraternité, c'est cela, la base commune !

[...] C'est la fin d'une époque ; un nouvel ordre va se substituer à l'ancien, un ordre dans lequel régnera l'Amour sur la Terre[1]. »

---

1. Peter Deunov, *Propos sur l'avenir*, 1944. Adaptation : Olivier de Rouvroy, septembre 2003.

Composition et maquette : Soft Office

Achevé d'imprimer en décembre 2022
sur les presses de la Nouvelle Imprimerie Laballery
58500 Clamecy
Dépôt légal : janvier 2023
N° d'impression : 212589

Imprimé en France